Sebastian 23
Bäume sind Büsche auf Balken

Bäume sind Büsche auf Balken

Das Beste aus 23 Jahren

Sebastian 23

Erste Auflage 2023

Lektora GmbH
Schildern 17–19
33098 Paderborn
Tel.: 05251 6886809
Fax: 05251 6886815
www.lektora.de

Druck: MCP, Marki
Covermotiv: Oliver Look, www.oliverlook.de
Covermontage: Yeliz Çetin, @cayundspaetzle
Lektorat & Layout Inhalt: Lektora GmbH, Denise Bretz
Printed in Poland

ISBN: 978-3-95461-241-3

Inhalt

Tiefer als der Tag gedacht

Zeit für Lyrik
2016

Bäume sind Büsche auf Balken
Schrauben sind Nägel mit Falten
Flüsse sind Meere auf Reisen
Zugfahren ist Fließen auf Gleisen

Träume sind Schlaf mit Ideen
Igel Kakteen, die gehen
Fenster sind gläserne Mauern
Berge sind Wellen, die dauern

Pogen ist Tanzen mit Prügeln
Kamele sind Pferde mit Hügeln
Regen sind Wolken, die welken
Regeln Vorschläge, die gelten

Netze sind Tücher mit Löchern
Pfaue sind Vögel mit Fächern
Biere sind Räusche in Bechern
Schnecken sind Schlangen mit Dächern

Säulen sind Bäume aus Steinen
Tische sind Böden auf Beinen
Schuhe sind Mützen für Füße
Kekse sind Brote mit Süße

Beine sind Arme zum Laufen
Mauern sind sehr gerade Haufen
Eier sind werdende Hennen
Sekunden sind Stunden, die rennen

KOMA ist AMOK im Spiegel
Kakteen sind fußkranke Igel
Schränke sind Häuser für Sachen
Weinen ist trauriges Lachen

Wolken sind Pfützen, die fliegen
Zs sind Ns, wenn sie liegen
Weizen sind Gräser mit Ähre
Schwimmen ist Fliegen für Schwere

(Heißer Dank gebührt an dieser Stelle Lars Ruppel, der zahlreiche Zeilen zum Text beitrug; und natürlich der einzig wahren Poetry-Slam-Boygroup SMAAT.)

Trojanische Worte
2016

Vom Schatten der Sprache will ich heut erzählen
Für Falsches die richtigen Worte zu wählen
Denn Schönfärberei klappt mit jeglicher Äußerung
Und sie fällt kaum auf, weil es sämtliche Leute tun
Nichts wird gestohlen, nur »dauerhaft geborgt«
Wir »lassen das mitgehen«, ich hab es »besorgt«
Keiner hier ist arbeitslos, lediglich »arbeitssuchend«
Nach Wahrheit rufend, aber auf Klarheit fluchend
Klauen wir mal Ideen, dann »kupfern wir ab«
Verkaufen wir Schrott, der nur »Gebrauchsspuren hat«
Mein Auto ist nicht klein, das bedeutet »kompakt«
Hab keine Angst, nur »kalte Füße« und »scheue
Kontakt«
Ich musste nicht kotzen, ich hab »Bröckchen gelacht«
Wo hat nochmal »der Pudel die Löckchen gehabt«?
Wir sind doch nicht blöd, wir sind »bildungsfern«
Und »freiheitsliebend«, wer mag schon Bindung gern?
Sag nicht »du musst sofort«, aber »zeitnah« wäre »top«
Die machen keine Scheiße, sondern »einfach ihren Job«
Keinerlei Lüge, wenn ich mal nicht ein »Wort einhalte«
Sag doch nicht Stricher, sag lieber »Bordsteinschwalbe«
Wir sind nicht unzivilisiert, wir »folgen Mutter Natur«
Ich bin nicht dick, nur »vollschlank« und »Rubensfigur«
Den »Gag mit dem Ring« erst nach der Heirat checken

Ich hab keine Glatze, das sind »Geheimratsecken«
Es sind »Gender-Defender«, die es sprachlich gerechter
wollen
Man ist kein Frauenfeind, man hat »klassische
Geschlechterrollen«
Wir reden gekonnt um den heißesten Brei
Als ob Euphemismus das einfachste sei
Dahinter verbirgt sich keine Angst vor dem Wirklichen
Wir werden niemals sterben, wir gehen »den Weg alles
Irdischen«

Das sind keine Lügen, bloß kreativ dargelegt
Nur Sprache selbst wird hier effektiv angesägt
Biegen die Rede, bis sie beinah aufbricht
Dass niemand hier zu deutlich Wahrheiten ausspricht

Werbung ist Manipulation in Sekunden
In diesem Schmerz sind die Nationen verbunden
Man wird durch Denkamputationen geschunden
Sag nicht Werbung! Sag »Information für den Kunden«
Die Schönfärberei klappt mit jeglicher Äußerung
Man gibt nicht klein bei, das ist »seelische Läuterung«
Du bist nicht entlassen, du wirst nur »freigesetzt«
»Outgesourct«, »Situation neu eingeschätzt«
Du wirst nicht verdrängt, nur »marginalisiert«
»Gentrifiziert« und »wegrationalisiert«
Weil die Bosse das überall so ähnlich treiben
Heißt Lohnsenkung jetzt »konkurrenzfähig bleiben«
Für das grüne Gewissen hatte ich grad noch 'ne Vision
Statt Luftvergiftung sagen wir »Schadstoffemission«
Will man mehr Geld, doch nicht den Streit der Massen
Gewohnt weitermachen, nur halt den »Preis anpassen«
Das schnallen selbst die letzten Ochsen im Betrieb
Das Zeug ist eh nicht teuer, das ist »kostenintensiv«

Industriespionage sind »operative Zusatzdaten«
Pleite gehen heißt »negative Zuwachsraten«
Und wenn alles zu spät kommt, dann schieb's halt auf
Die guten alten »Verzögerungen im Betriebsablauf«

Das sind keine Lügen, bloß kreativ dargelegt
Nur Sprache selbst wird hier effektiv angesägt
Biegen die Rede, bis sie beinah aufbricht
Dass niemand hier zu deutlich Wahrheiten ausspricht
Wir feilen den Fakten die scharfen Eckzähne
Doch zwischen den Zeilen, da schlafen Extreme
Das Fazit, bevor ich dramatischer werde
Die Schönfärberei birgt trojanische Pferde

Krieg muss man miese Gewalt leider nachsagen
Doch gibt man dieser Gestalt keinen Klarnamen
Wir sagen »friedenserhaltende Maßnahmen«
Scheint mir, wir lieben gespaltene Sprachphrasen
Die Schönfärberei klappt mit jeglicher Äußerung
Aus Völkermord wird die »ethnische Säuberung«
Aus Angriffskrieg wird »Verteidigungsfall«
Hört ihr als Musik noch den eigenen Knall
Durch die Zeitungen schallt es dann alternativ
Auf Zivilziele schießt man hier nur »präventiv«
Klingt zu negativ? Sag halt »Kollateralschaden«
Ist auch verträglicher für Otto-Normalmagen
Sagen wir es klar, wird man schnell irritiert
Man tötet hier nicht, es wird nur »liquidiert«
Sag nicht »unterwerfen und alle besiegen«
Man will »Krisen entschärfen« und alles »befrieden«
Und niemanden vertreiben, nur »Menschen umsiedeln«
Man ist doch in eigenen Grenzen zufrieden
Das ist keine Folter, ein reines »Verhör«
Der Menschenrechtsbruch ist ein »kleines Malheur«

Das sind keine Lügen, bloß kreativ dargelegt
Nur Sprache selbst wird hier effektiv angesägt
Biegen die Rede, bis sie beinah aufbricht
Dass niemand hier zu deutlich Wahrheiten ausspricht
Wir feilen den Fakten die scharfen Eckzähne
Doch zwischen den Zeilen da schlafen Extreme
Das Fazit, bevor ich dramatischer werde
Die Schönfärberei birgt trojanische Pferde

Und sind die erst mal drin, wird das Denken verändert
Das Schiff unsrer Worte vorm Versenken gekentert
Ist leicht zu verhindern, man muss es nur wissen
Es reicht, zu erinnern, schaut hinter Kulissen
Es taucht unter Worten Verborgenes auf
Wenn man zum Zuhören nicht nur die Ohren gebraucht

Urück in die Ukunft

2022

Wer sein Volk gern unterdrückt
Hat, damit ihm das auch glückt
Ein Arsenal von Hasssymbolen
Das gilt auch östlich hinter Polen

Kreuze, Haken, Gesten, Fahnen
Hauptsache, dass alle ahnen
Zeichen machen Hass komplett
In Russland ist das grad das Z

Dagegen hoffen sie im Westen
Nach Boykott, Gesang, Protesten
Endlich Frieden zu erreichen
Indem sie dieses Z nun streichen

Vom Logo der Versicherung Zürich
Blieb so nur noch ein ürich übrig
Doch damit fängt es ja nur an
Weil so viel mehr noch folgen kann

Eines ist ja völlig klar:
Jazz heißt künftig nur noch Ja!
ZZ Top ist endlich Top
Und Amaon der Onlineshop

In Kindergarten und in Schulen
Wird man, statt zu puzzeln, pulen
Wenn Pizza nur noch Pia heißt
Nicht, dass man da die Falsche beißt

Dieser Trend hat seinen Rei
Besonders in der schönen Schwei
Die Skizze fährt hier nur noch Skie
Einen Comic-Schläfer hört man nie

Vielleicht genug von solchen Oten
Die finde ich selbst total zum Koten!
Der Osterhase poly-eit
Das sind die Eichen unsrer Eit

Im Jahr weitausendweiundwanig
Was soll das Gane denn jett an sich?
Langsam wirkt es wie ein Wang
Wo hör ich auf, wann fängt es an?

Lass uns bessere Ukunft üchten
Diese Welt durch Sprache richten
Wenn's denn hilft gegen den Krieg
Leb Wohl, Symbol der Politik

Auf ein besseres Tomorrow
Schöne Grüße, euer Zorro

Gesprochene Verbrechen
2015

»Fümms bö wö tää zää.«

Um meine intellektuelle Seite hervorzukehren, zitiere ich gleich zu Beginn unseres ersten Dates eine Passage aus der »Sonate in Urlauten« des berühmten Dadaisten Kurt Schwitters.

»Uu, pögiff, kwii Ee.«

Mein Plan scheint aufzugehen, Jana ist sichtlich beeindruckt – sie starrt mich mit weit aufgerissenen Augen an.

Eigentlich wollte ich einen anderen Text von Schwitters zitieren, den »Brief an Anna Blume«, in dem es heißt: »Anna, du bist von hinten wie von vorne A-N-N-A.« Genial.

Im letzten Moment allerdings fiel mir auf, dass das mit dem Namen »Jana« so gar nicht funktioniert. Dabei lag mir schon der Satz »Jana, du bist von hinten wie von vorne so N-A-J-A« auf den Lippen.

Zum Glück merkte ich das noch und schwenkte geistesgegenwärtig um auf das andere Zitat.

Dates sind eigentlich nicht meine Stärke, aber diesmal will ich alles richtig machen. Jana ist nicht nur eine wunderschöne Frau mit feinem schwarzen Haar und kornblumenblauen Augen, sondern selbst auch eine Intellektuelle. Auf ihrem Profil auf elite-partner.de steht, dass sie sogar Abitur hat.

Es ist mir wichtig, eine Frau kennenzulernen, die wirklich was auf dem Kasten hat. Und das ist ganz offensichtlich der Fall, denn ihr Staunen geht nun nahtlos über in ein sanftes Lächeln. Was für eine Frau! Clever und schön.

Jana lehnt sich zu mir rüber und fragt leise, aber bestimmt: »War das Finnisch?«

Finnisch? Was für eine rückverdummte Unverschämtheit! Ich sehe Jana fest in die Augen und sage: »Ja.«

Und dann zitiere ich einen weiteren berühmten Gelehrten, Hape Kerkeling: »This is Finnisch, but not the end.«

Manchmal muss man eben auch bereit sein, flexibel auf die Gesprächssituation zu reagieren, besonders, wenn kornblumenblaue Augen im Spiel sind. Und so viel ist sicher: Wer viel Verkehr mit Wörtern hat, spielt leicht mit ihrem Sinn.

Ich habe mich schon als Kind für die Sprache interessiert. Anfangs war ich regelrecht verzweifelt, denn während man im Alltag entspannt sprechen konnte, schien bei genauerem Hinsehen nichts mehr einen Sinn zu ergeben. Als würden die Wörter zu Verbrechern, wenn man sie erst mal auf die Goldwaage legt.

Gedichte, die ich als Junge schrieb, geben Zeugnis von meiner Verzweiflung:

»Niemand wird je in Kriegen was kriegen
Während wir in Wiegen am wenigsten wiegen
Niemals werfen Maulwürfe ihr Maul
Und keinem Gauleiter eitert der Gaul

Wir pflanzen uns fort ohne ferne Botanik
Es gab keinen Eisbergsalat auf der Titanic
Was gerade eben noch war, ist weder gerade noch eben
Atmen bringt kein Geld, aber man kann davon leben«

Man merkt, ich war damals völlig durcheinander und versank im Sumpf der Wörter. Gut, das konnte auch daran liegen, dass ich bereits als Kind eine herausragende Eigenschaft hatte: Ich war dumm.

Ich war überzeugt, ein Tollpatsch sei jemand, der besonders gut in eine Pfütze springen konnte.

Ich wurde in der Schule gelegentlich wegen so etwas ausgelacht, besonders von Martin Hüser aus meiner Parallelklasse. Das war natürlich gemein, aber ich bin ihm nicht mehr böse, im Gegenteil. Ich grüße ihn immer ganz freundlich, wenn er mir ein BigMac-Menü fertigmacht.

Man muss zugeben, ich hatte früher wirklich verquere Ideen – damals glaubte ich, dass ein Föhn entsteht, wenn man einen Ventilator und eine Pistole kreuzt. Lange trug ich die entsprechende Frisur mit Loch.

Meist aber lagen meine Probleme eben an der irreführenden Sprache. Gute Güte, ich dachte als Jugendlicher, dass »Fahrstuhl« das höfliche Wort für »Durchfall« sei. Ich lachte wirklich lange, als ich eines Montags morgens in der Schule hörte, dass Martin Hüser am Wochenende zwei Stunden im Fahrstuhl stecken geblieben sei.

So führten mich die Wörter an der Nase herum, ohne meine Nase zu berühren. Es war zum Mäusemelken. Was auch immer das bedeuten sollte.

Es war ausgerechnet ein Urlaub in den Niederlanden, der die Wendung brachte. Wie sagt die Fliege in der Suppe? »Man muss eben manchmal über den eigenen Tellerrand gucken.«

Die Niederländer*innen gehen sehr lautmalerisch mit der Sprache um: »Zusammenstoßen« heißt zum Beispiel »botzen«. Das beschreibt den Vorgang doch viel besser. BOTZEN!

Und diese kleinen Hügel auf verkehrsberuhigten Straßen, über die man immer ganz langsam fahren muss, die heißen »Drömpels«, genau wie das Geräusch, dass die

Stoßdämpfer machen, wenn man zu schnell drüberfährt. DRÖMPELS!

Wunderschön fand ich jedoch das Wort für Fahrrad. Das heißt in den Niederlanden »Fiz«, ähnlich dem Geräusch, das sie beim Vorbeifahren machen: »FIZZZZZ«.

Noch besser ist das Wort für Mofa. Das heißt auf Niederländisch »Brommfiz«. Das Fahrrad, das brummt.

Eigentlich logisch, wenn man bedenkt, dass in dem Land Kiffen legal ist.

Wir lachten viel in dem Urlaub. Und mir wurde klar: Man muss die Sprache nach der Welt formen und es nicht andersherum versuchen.

Janas Stimme reißt mich aus meinen Tagträumen.

»Du, Sebastian, du scheinst ja ein netter Kerl zu sein, aber du hast jetzt seit fünf Minuten nichts mehr gesagt. Außer einmal ›Martin Hüser‹, gefolgt von einem seltsamen Kichern.«

Ich entgegne schlagfertig: »... Oh.«

Jana wirkt genervt und steht auf. Sie sagt: »Das ist kein Finnisch, aber das ist das Ende.«

Dann hebt sie ihre Nase, dreht sich dramatisch um und schreitet hinfort.

Erst jetzt sehe ich es: Sie ist von hinten wie von vorne so na ja. Charakterlich.

2050

2022

Wisst ihr noch?
Als wir mit dem Lächeln der Erwartungen starteten
Das Datum las sich wie die Zukunft
Auf die wir alle warteten
2020 – gewiss werden die Zwanziger wieder aus Gold
Dann kam Corona angerollt
Klima wurde hoch verzollt
Krieg dazu, wie nie gewollt
Plötzlich war um uns herum diese miese Krise
Im Feinstaub keine Aussicht mehr auf frische Brise
Es war nicht kurz vor, es war Punkt Zwölf
Am Himmel fossile Feuerwerke
Wie Zeichen für das Ende eurer Werke
Risse tief in teurer Erde
Da war das Ende schon auf Sendung
Wisst ihr das noch, wie sie dann kam
Die große Wendung

Wisst ihr noch, wie die FDP
Ein Tempolimit endlich akzeptierte
Ein winziger Schritt
Der zu so viel Umdenken führte
Es folgte der Wechsel von fossilen Subventionen
Zu gezieltem Ausbau

Von Radwegen und Schienen
Und kostenfreiem ÖPNV
Wisst ihr noch, wie die Doktrin vom ewigen Wachstum fiel
Den Reichtum zu vermehren, nicht mehr das einzige Ziel
Weil wir erkannten, dass wir beim Planeten
Mit endlichen Ressourcen
Nicht unendlich mehr und mehr
Aus ihm rausprügeln durften

Wisst ihr noch,
Wir definierten Glück nicht länger über Kontostände
Die ganze Selbstbestimmung über Vermögen
Hatte damit ein Ende
Wir vermochten plötzlich
Den Reichtum einer Gesellschaft zu vermessen
An Lebensqualität – wir hörten auf
Uns selbst zu stressen

Wisst ihr noch, Windräder und Solarparks
Schmückten die halbe Nation
Als sie dann kamen, brauchte niemand mehr
Flugtaxis und Kernfusion
Wisst ihr noch, wie wir die Erderwärmung bremsten
Bei 1,49999 Grad
Im letzten Moment wurden wir durch ein neues
Gleichgewicht bewahrt

Wisst ihr noch, wie wir angefangen haben
Strukturellen Rassismus ernst zu nehmen
Als unser aller Problem anzugehen
Weiße Mehrheit als unbequem anzusehen
Doch gemeinsam und konsequent
Ging das plötzlich zu verbessern
Jetzt gibt es Nazis nur noch im Gestern
Brüder und Schwestern

Wisst ihr noch, am Anfang hat vieles
Eine Quote geregelt
Als das Umdenken dann ankam
Hat sich der Rest auch eingepegelt
Und Rassist*innen und Sexist*innen
Standen plötzlich wie im Wald
Weil mit einem Mal und ab da aber auch wirklich
Das Grundgesetz galt

Wisst ihr noch, wie wir niemanden mehr
Diskriminierend bezeichneten
Und Christian Lindners SUV
Noch während er drinsaß, enteigneten
Wisst ihr noch, wie er dann lachte
Und meinte, wir haben das Richtige getan
Und Clemens Tönnies wurde Philanthrop
Und lebte fortan vegan

Wisst ihr noch, wie Elon Musk sich Twitter kaufte
Und alle andern die Plattform verließen
Da konnte er endlich ganz für sich allein
Seine Meinungsfreiheit genießen
Wisst ihr noch, als er damit so zufrieden war
Dass er sein restliches Vermögen spendete
Den Welthunger beendete und ein wichtiges Signal
Für weiteren Wandel sendete

Wisst ihr noch, wie auch Jeff Bezos
Seine Weltraumpläne aufgab, kurz vor den Wahlen
Und verkündete, fortan lieber
Alle Amazon-Mitarbeitenden fair zu bezahlen
Alle kriegten mehr
Natürlich außer den Managern und dem Boss
Wie das Schule machte – und die Schere
Zwischen Arm und Reich sich schließlich schloss

Wisst ihr noch, Armut –
Mir ist die Erinnerung verschwommen
Schließlich kriegten wir bedingungslos
Für alle das Grundeinkommen
Und apropos, das klare Wasser
In dem wir alle schwimmen
Endlich durften bei den Wahlen
Wirklich alle mitbestimmen

Wisst ihr noch, wie plötzlich wirklich egal war
Woran jemand glaubte
Solange man sich daraus keinen Grund
Für Hass zusammenschraubte
Wie es keine Rolle mehr spielte
Wen man liebte oder ob nicht oder wie viele
Welche Kraft aus Vielfalt kam
In der sich niemand mehr falsch fühlte

Wisst ihr noch, in welch erstaunliche Zukunft
Uns das alles führte
Als Freude, schöner Götterfunken
Dann tatsächlich passierte
Was für ein Gefühl das war
Als es nicht mehr gegeneinander ging
All der Hass und die Angst und die Not waren dahin

Die ganze Menschheit hat sich endlich
Aufeinander gereimt
Wisst ihr noch, wie das war, alle in Vielfalt vereint
Und fast haben wir es verpasst –
Das stand wirklich alles auf dem Spiel
Doch zum Glück haben wir es dann erkannt –
Unser gemeinsames Ziel

Wisst ihr das noch?

Schwerkraft und Leichtsinn

2010

»Die Schwerkraft
Ist überbewertet
Man braucht sie gar nicht
Wie man wohl im Weltraum sieht«

Singt Peter Licht
Und ich wünschte
Ich wäre wie Regenbogen – mal eben oben und wieder weg

Wo Wolkenbrüche mit Sonnenstrahlen
Malen nach Zahlen spielen
Mit Illegalen Farben dealen
Will ich mich zu Hause fühlen
»Hey, pssst, haste ein bisschen Lila für mich da?«

Wenn ultraviolette Violinen klingen
Will ich Regeln biegen, bis sie beinah brechen
Brücken bilden zwischen Flächen
Aus Gold

Zwischen Horizont und Himmel
An der Grenze
Zwischen Nein und Ja
Steht an der Schranke

Als Grenzbeamter ein Gedanke
Dessen Namensschild ihn als »Herr Vielleicht« ausweist
An ihm vorbeizukommen, ist nicht leicht
Doch manchmal reicht es
Ihm vom Regenbogen zu reden

Wenn dann sein Urteil gefällt
Und der Grenzbaum gehoben ist
Wirst du sehen, dass es hinter dem Vielleicht
Viel leichter geht
Das ist mehr als nur ein dummes Wortspiel
Ich weiß, wovon ich rede

Ich war lang genug der Rekordmeister
Der Wankelmut-Liga
Lang genug der ungefährste Gefährte
Der Ungefährlichlichkeit
Wenn es für Unentschlossenheit
Orden zu verleihen gäbe
Wäre ich behangen wie General Weißnochnicht
Nach der Schlacht um den Konjunktiv
Lang genug war ein Anker auf die Innenseite
Meiner Herzkammern tätowiert
So dass in meinen Adern
Der Geist der Schwerkraft pochte
Mich nach unten zog
Mich am Boden hielt
Mir die Luft und die Möglichkeiten abschnürte

Es ist der Atem
Der uns von den Bäumen unterscheidet
Und das Träumen von den Steinen

Aber wir müssen nicht am Boden bleiben
Sind nicht in den Asphalt gesunken

Nicht an den Teppich geknotet
Nicht an die Dielen getackert

Also spanne ich meine Lungenflügel
Und knall durch den Solarplexus
Breche aus dem Vogelkäfig meiner Rippen aus

Während die Gitterstäbe zu Boden rieseln
Wie Juli-Schnee
Hebe ich ab
Wie Phönix aus der Asche
Wie der Geist aus der Flasche
Wie ein Ass aus meiner Tasche
Steige ich auf

Ich kann endlich mit den Krähen cruisen
Mit den Adlern kreisen
Und mit den Tauben all jenen, die mir auf den Geist gehen
Auf den Kopf scheißen

Mit Elstern alles nehmen
Mit den Spatzen Feuer spucken
Mit den Eulen rundum gucken
Mit den Möwen das Meer als Sushi-Restaurant
Mit Dive-in-Schalter nutzen

Kann mit Schwalben schweben
Und eben oben neben Regenbogen leben

Ich weiß
Ich weiß
Ich höre euch

Mag sein, dass das nicht geht
Mag sein, dass das zu hoch und in die Luft gegriffen ist
Mag sein, dass ich palettenweise Red Bull saufen kann
Und mir immer noch keine Flügel wachsen
Mag sein, dass es nur in dummen Rocksongs vorkommt
Dass Engel im Fliegen ficken
Aber das ist nicht das Problem

Das Problem ist
Dass ich zu viele Leute sehe
Die chinesische Mauern errichten
Zwischen sich und den einfallenden
Mongol*innenhorden der Chancen, etwas zu machen
Zu viele, die sich an Konsolencontroller kleben
weil sie sich die Realität nicht mehr zutrauen
Zu viele, die rumhängen und stillhalten
Und in Lesezirkelmagazinen blättern
Als wäre ihr ganzes verfluchtes Leben
Ein Wartezimmer

Zu viele, die als Brustpanzer Marmorplatten tragen
Auf denen die Worte »Lass mal lieber« graviert sind
Und die Daten verpasster Gelegenheiten
Wie wandelnde Grabsteine

Die Gravitation hat sie im Griff
Und sie lassen sich fallen
Die Gravitation hat euch im Griff
Und ihr lasst euch fallen

Ich hab da keinen Bock mehr drauf
Ich tanze den Regentanz
Und bete gleichzeitig die Sonne an
Denn ich will genau dazwischen passen
Daneben leben

Wie Regenbogen
Knallbunt und halbrund

Und ich hab keine Ahnung
Was das heißen soll
Aber eins weiß ich sicher

Die Schwerkraft
Ist überbewertet

Numerisches Meeting

2019

EINSt in der
ZWEIgstelle einer
DREIsten
VIERma
FÜNF ent-
SECHSliche Gestalten ver-
SIEBEN aus
ACHTlosigkeit den
NEUN Trend der
SZENe.
Denen war nicht mehr zu
'ELFen!

Numerisch einen Korb kriegen
2019

Yv-ONE
Egal, was ich TWO
Du schaust, als wäre ich ein THREEbtäter
Und hätte Schreckliches mit dir FOUR
Als ob ich nach dir FIVE
Oder ungefragt im Bus neben dir SIX
Sind wir denn nicht auf derSEVEN Wellenlänge?
Ich hab extra eine DiEIGHT gemacht
Doch du sagst immer NINE
Obwohl wir eine tolle Zukunft zusammen hätTEN

Numerisches Saufen
2019

Äääh, UN
Saufen kann DEUX-tlich sein
Du stirbst einen TROIS-gischen Tod
Oder hast am nächsten Morgen einen fiesen QUATRE
Nimmst Tabletten mit Vitaminen und CINQ
Leute sagen, du SIX
Ent-SEPT-zlich aus
Du weißt nicht, HUIT dir geschieht
Deine NEUF-en liegen blank
Was los? DIX das?
Die nächste Runde ist besser ohne ONZE
Egal, wie DOUZE TREIZE und wendest
Du überlebt nicht noch einen von diesen QUATORZE
Ich hoffe, dass du das verstehen QUINZE
Sonst leck mich doch an meinem Ge-SEIZE

Ärger die Monotonie
2007

Geh!
Geh!
Lauf los!
Geh irgendwohin, wo du noch nie vorher gewesen bist!
Probier mal was Neues!
Sei ein bissli crazy!
Geh deinen ganzen Tag doch mal anders an!
Setz dich auf statt an den Frühstückstisch!
Steck dir Müsli in die Nase und kipp dir Milch in die Ohren!
Rasier dir mal den Arsch statt das Gesicht und finde raus
Ob du den Unterschied bemerkst!
Geh!
Geh!
Lauf los!

Geh statt zur Arbeit zu deinem Chef nach Hause! Mal
gucken, wie der so wohnt! Und ob Beton doch brennt!

Geh!
Geh!
Lauf los!

Hör auf zu denken, dass alle dich verfolgen! Mach das doch einfach andersrum! Geh los und verfolge alle anderen! Sollen die doch mal sehen, wie das ist!

Geh!
Geh!
Lauf los!

Frag doch mal ein Rudel Skinheads nach dem Weg zum Frisör, mal hören, was die so erzählen!
Wenn du danach noch lebst, mach doch was Neues!

Geh!
Geh!
Lauf los!

Wähl doch nicht immer die Spinner von irgendwelchen Parteien! Wähl dich doch mal selbst! Mach eine Koalition mit dir selbst und regier fröhlich in den Tag hinein! Verabschiede Gesetze gegen schlechte Laune und für Experimentierfreude!

Geh!
Geh!
Lauf los!

Ruf doch mal bei der Deutschen Bahn an und sag, dass du heute zu spät kommst! Wegen Verzögerungen im Betriebsablauf!

Geh!
Geh!
Lauf los!

Mach eine umgekehrte Diät! Ja, friss einfach mal alles in dich hinein, worauf du gerade Bock hast! Burger, Butter, Fritten, Chips, Mayo, Schokoriegel und Gummibärchen! Alles frittiert und mit Cola, Kaffee und Bier runtergespült! Und schäm dich, wenn du eine Kohlsuppe auch nur anguckst! Bah, fiese Kohlsuppe!
Probier es einfach, nur so zur Erweiterung deiner Perspektive! Und der Kleidergröße!

Geh!
Geh!
Lauf los!

Bell den nervigen Hund vom Nachbarn an und wenn das nicht hilft, dann beiß ihn und piss deinem Nachbarn ans Bein!

Geh!
Geh!
Lauf los!

Brich aus der Routine aus!
Geh mal bei Grün über eine Ampel!
Lächle den Typen, der dich auf der Autobahn beim Überholen schneidet, einfach mal an und ruf ihm durch die runtergekurbelte Scheibe mal zu, dass seine Mutter bestimmt eine nette Frau ist!

Geh!
Mach mal was anderes!
So geht es doch nicht weiter!

Nimm doch mal das Auto, statt die hundert Meter zum Bäcker immer zu laufen, einfach weil du Lust auf den Klimawandel hast und gerne demnächst Oliven und

Pfirsiche im Garten anbauen möchtest! Und Holland? Na ja, 10 Prozent Verschnitt muss man immer einrechnen!

Geh!
Geh doch mal in dich, komm aus dir raus und bleib da!
Geh!
Mach mal was anders!

Denk doch mal daran, dass du sterben wirst! Und dann denk daran, dass du geboren wurdest!
Und jetzt gerade bist du hier!

Jetzt!
Hier!
Geh!
Geh!

Aber tanze, statt zu laufen!

Frank und Freiheit

2016

Dies ist im Übrigen keine der üblichen Geschichten
Aus dem durchschnittlich Typischen
»Es ist kalt in Deutschland«, denkt euer Mann Frank
Die Heimaterde ist Thüringen
Ein Kerl wie ein Wandschrank
Doch sein Verstand fand Platz im Handgepäck
Sein Blick sucht gern bei anderen Stress
Er isst aus Polen Sandgebäck
Die Schuhe sind aus Bangladesch
Im Urlaub liebt der Frank Québec
Ist in Kanada zum Wandern weg
Kommt er euch etwa vor
Als ob er ostdeutsches Obst braucht?
Fußt seine Selbstsicherheit in Ecuador
An einem Koksstrauch?

Man ahnt, wenn man fragt, wie die Antwort ausfiele
Im Supermarkt sucht er nach Mangos aus Chile
Mag Massagen aus Thailand auf dem Standort Bauchliege
Liebt brasilianischen Fußball und Kampfsport, auch Spiele
Auf Konsolen aus Japan
Smartphones aus Taiwan
Kaffee Kolumbien
Oliven aus Umbrien

Hollywoods Blockbuster
Schwedische Rockkasper
Whisky ist schottischer
Nordischer Götterchor
Für den Ton an Silvester
Ein paar tschechische Feiergeschütze
Für den Sohn seiner Schwester
Die chinesische Spiderman-Mütze
Und den Lorbeerkranz auf die Brust seines Polohemds
Näht eine Kinderhand im Hinterland Äthiopiens
Aber Ausländer findet Frank scheiße
Na logisch, Frank!

Dies ist im Übrigen keine der üblichen
Geschichten aus dem durchschnittlich Typischen
»Es ist kalt in Deutschland«, denkt euer Mann Frank
Die Heimaterde ist Thüringen
Er redet gern von Lügenpresse
Grimmig graue Prügelfresse
Gibt es ohne Zügel Dresche
Bist du platt wie Bügelwäsche
Denn er ist ein zum Austausch unfähiger
Ewiger Nachredner der beliebigen Prediger von PEGIDA
Debiler juveniler Wegschieber kritischer Gedanken
Lediger Erlediger weniger Traktanden
Aber immer wieder und immer weiter
Auf der Straße gegen Asylanten
Schuld am eigenen Schicksal Muslimen zuschieben
Frank denkt von ihnen
Die sind nur hier
Um Smartphones und Luxuslimousinen zu kriegen
Für die Ausländer ist seine Nationalhymne
Doch nur ein Werbejingle
Sie wollen Frank die Frauen klauen –
Doch er trickst sie aus und ist derbe Single

Die letzte schrieb im Abschiedsbrief
Er sei ein Zentner Hack auf Beinen
Fast zum Weinen, ihn so abzuschreiben
Doch keine Träne konnte das vermeiden
Karma ist ein Bumerang und er ein dummer Mann
Mit braunem Umhang an
Brandbeschleunigern wie in den Neunzigern
Und Glut im Bauch zum Untergang
Wirft den Funken dann in eine geplante
Unterkunft für hundert Mann
Denn er lebt im Vorgestern und hat nichts
Für morgen über
Frank fordert Führer, doch ist natürlich nicht rechts
Nur ein besorgter Bürger!
Na logisch, Frank!

Dies ist im Übrigen keine der üblichen
Geschichten aus dem durchschnittlich Typischen
»Es ist deutsch in Kaltland«, denkt der kleine Bassam
Die Heimaterde ist Syrien
Er ist acht und trägt als Handschuhe Socken
Mit Löchern für die Daumen
War trotz Nachtruhe wach
Denn er hat öfter diesen Traum
Steht vorm Container, starrt der Dunkelheit
Von innen an die Schädeldecke
Besser, denkt der Junge
Als wenn ich drinnen jeden wecke
Verließ in sternenloser Nacht den beengten Raum
Bis zur der Laterne weiter vorn
Die mit gesenktem Haupt
Einen kleinen Lichtkegel wirft
Der Dunkelheit den Schrecken raubt
Bassam atmet an der Ecke
Aus seinem Mund steigt eine Wolkendecke auf

Ganz leicht, doch abrupt wie ein fallender Zweig
Stehen Riesen darin und sie kommen zu zweit
Es sind Frank und sein dicker Kumpel Maik
Für einen Moment stehen sie still wie die Zeit

Bassam ist jäh erschrocken
Er rührt nicht einen Knochen
Von weit oben fällt ein Tropfen
Und die Dunkelheit steht offen
Denn wo schwere Herzen klopfen
Da gibt es nicht viel zu hoffen
Doch es ändert sich etwas, von ganz, ganz tief innen
Maik hebt den Schlagstock, um Bassam zu vertrimmen
Bassam steht im Schnee, weint eine kleinere Pfütze
Frank starrt auf Bassams chinesische Spiderman-Mütze

Fragt sich plötzlich: Wozu bin ich eigentlich nütze
Wenn ich nicht jetzt und hier diesen Kleinen beschütze?
Die Gedanken verschwimmen, zwischen unten und oben
Als würde die Welt aus den Angeln gehoben
Frank hebt die Faust, ein Schlag
Da liegt Maik schon am Boden
Bassam, der die Fassung schnell wieder gewinnt
Sagt »Şukran!«, bevor er zu rennen beginnt
Frank ist allein, starrt auf Maik
Und verweilt mit gesenktem Haupt
In seinem Kopf ein kleiner Lichtkegel
Der Dunkelheit den Schrecken raubt

Iris
2017

IIIIIIIIH!
Wie fies!
Gierig griff Iris in ihr Bier
Dies irritiert mich
Wie ist Sinn hierin?
Misst sie, wie tief ihr Bier ist?
Schwimmt ihr Ring im Drink?
Wird sie irrsinnig?
Kifft sie viel?
Kiffi, kiffi, Iris?

Ich ließ sie, mit Birgit im Blick
Birgit ist Iris' Liebling
Birgit spricht:
»Iris ist nicht dicht!
Ihr Griff ins Bier ist wirr!
Sie stiert ins Licht!
Sie spinnt und grinst wie Tilidin!
Iris ist nicht richtig im Wirsing!«

»Ist sie wirklich nicht«, insistier ich

Wisst ihr, wie tief Iris' Bier ist?
Vierzig Inch

Wirklich tief, schien mir
Really deep, it seems
Iris winkt
Sie sinkt im Drink

Huhu Uhu!
2017

Du fluchst:
»Zum Kuckuck!«
Gudrun schubst uns rum!
Pusht uns zum Sumpf!
Lust, Unfug zu tun!
Wut-Kultur!
Gudruns Mund brummt: »Huuh! Huuh!«
Um Gudrun drumrum Tuch und Mull!
Gudrun spukt!
Du guckst zur Uhr
Just null Uhr!
Gut zur Unzucht rund um Busch und Frucht
Du Fuchs!
Du suchst Gudruns Mund zum Kuss
Du schnurrst und schmust!
Fuß sucht Schuh!
Lust pur!
Nur: Gudrun tut stur
Gudrun grunzt stumpf: »Huuuh! Huuuuh!«
Spukt ungut
Stupst und schubst uns rum!
Und plumps!
Null Zukunft!
Sumpf schluckt uns!
Buch zu!

Null Komma Null Null

2022

»Das ist Taubenscheiße. Verdünnte Taubenscheiße!«, ruft Martin.

Steffi legt ihm beschwichtigend den Arm auf die Schulter. »Martin, du stellst das so negativ dar.«

»Weil Taubenscheiße negativ ist«, unterbricht er sie, aber Steffi lässt sich nicht aus der Ruhe bringen. Dafür sorgt das Lavendelöl, die sie in weiser Voraussicht vor dem Gespräch auf den Kragen ihrer Bluse geträufelt hat. Sie atmet tief ein und setzt nochmal neu an.

»Martin, du wünschst dir doch den Urlaub genauso sehr wie ich, oder?

»Ja, schon …«

»Und du möchtest doch auch den Sonnenuntergang über dem karibischen Meer sehen, mit mir zusammen, oder?«

Martin zögert und nickt dann aber einfach.

»Du weißt, dass wir da ohne Flugzeug nicht hinkommen.«

»Ja, aber du weißt, dass ich nicht gerne fliege.«

Steffi atmet hörbar aus.

»Und du weißt, dass es da ein Mittel gegen gibt.«

»Komm schon, Steffi. Ich liebe dich und alles. Aber diese ganze Homöopathie-Nummer ist doch Humbug. Diese Globuli sind Zuckerkügelchen, da ist doch kein Wirkstoff mehr drin enthalten.«

»Na, dann kannst du die doch einfach mal probieren.«

»Aber in diesen Globuli gegen Flugangst ist halt einfach zehn milliardenfach verdünnte Taubenscheiße. 0,0000000000000001 Gramm, bei Mondlicht zwölfmal geschüttelt. Das ist doch völlig absurd.«

»Der Wirkstoff der Taube, ihre ganze Flugfähigkeit ist darin enthalten und durch die Potenzierung nicht verdünnt, sondern sogar verstärkt.«

»Wenn in der Taubenscheiße ihre Flugfähigkeit steckt, dann fress ich lieber einen Haufen von Harry Styles und kann singen und tanzen wie er.«

»Sehr witzig.«

»Vielen Dank, ich hab heute morgen Clownskacke gefrühstückt.«

Steffi verschränkt die Arme und die Augenbrauen.

»Martin, du kommst dir wahnsinnig schlau und witzig vor gerade. Es sei dir gegönnt. Aber wenn wir nix machen, dann können wir unseren Urlaub vergessen.« Während sie spricht, pocht sie mit dem Zeigefinger auf den Urlaubskatalog auf dem Wohnzimmertisch. Das schöne Foto der Palme am Strand wackelt bedrohlich. »Unseren *Urlaub*, Martin! Den willst du doch auch, oder?«

»Ja«, entgegnet Martin.

»Dann gib dir doch einfach einen Ruck und probier es aus! Wenn es wäre, wie du sagst, und es handelt sich nur um ein Zuckerkügelchen, dann hast du halt ein sehr kleines Bonbon gegessen. Fertig.«

Sie streckt ihm ein Globuli in der offenen Hand entgegen. Er zögert einen Moment, greift dann aber kurzentschlossen zu. Ob er es ernsthaft meint oder einfach nur keinen Bock mehr auf die Diskussion hat, das ist schwer zu sagen. Und Steffi letztlich auch egal, während sie sich freut, dass er das Kügelchen tatsächlich in seinen Mund wirft. Dann passiert nichts. Lange. Martin zuckt schließlich mit den Schultern. Als er gerade ansetzen will, einen abfälligen Kommentar zu machen, verzieht sich plötzlich sein Gesicht. Seine Schultermuskulatur zieht sich krampfartig zusammen, er geht in die Knie, reißt den Mund auf, ein stummer Schrei. Ein lautes Knacken ertönt hinter seinem Rücken, das Steffi bis ins Mark erschüttert. Martin beginnt, am ganzen Körper zu vibrieren, und dreht die Augen nach oben.

Steffi befürchtet zunächst einen epileptischen Anfall oder so etwas, aber dann taucht hinter Martins Rücken ein riesiger Schatten auf. Zeitgleich schießen ihm aus dem Kragen und den Ärmeln Federn. Entsetzt schaut er an sich selbst herunter und bewegt dabei den Kopf zweimal ruckartig vor und zurück. Steffi sucht seinen Blick. Seine Augen sind orange und rund. Seine Nase plötzlich gelb und irgendwie schnabelförmig. Seine Haare sind ebenfalls Federn geworden. Und der riesige Schatten hinter seinem Rücken entpuppt sich als ein Satz gigantischer Flügel. Der ganze Vorgang hat kaum zwei Minuten gedauert, als es plötzlich still wird und die Verwandlung abgeschlossen ist.

Vor Steffi im Wohnzimmer steht eine riesige Taube. Steffi ist starr vor Schock, selbst das Lavendelöl auf ihrem Kragen hilft nicht mehr. Derweil dreht sich die Taube langsam um, wendet ihr Hinterteil in Richtung des Wohnzimmertisches und scheißt kraftvoll auf den Urlaubskatalog.

Die Sache mit dem Ge

Eine Hommage an Michael Schönen – 2018

Es gibt da eine Sache
Die ich nicht versteh
Wohin ich auch geh
Ich treff auf das »Ge«

Das »Ge« als Vorsilbe gesetzt
Ändert völlig jeden Text
Jedes Wort wird ganz verdreht
Wenn davor das »Ge« besteht

Darum seht, was man erreicht
Wenn man es einfach streicht

Was du anhast, wäre ... Wand
Als wärest du vom Himmel ... Sand
Ohne Ge schreib ich hier einfach Dichte
Bleibt vom Gestern nur ein Stern
Und ein RN von einem Gern
Das bliebe eine ziemlich kurze Schichte

Deine Locken wären Welt
Ich likte alles das, was fällt
Und schuldig wären die, die standen
Die ganze Welt wär voller Fahren

Wesen wären die, die waren
Plötzlich schwirren mir die Danken

Die Chefs bezahlten uns ein Halt
Hooligans stünden auf Walt
Gangschaltungen gäbe es an Trieben
Die Wahrheit bliebe niemals heim
Und auch du wärst endlich mein
Die Sonne selbst hätte uns Schienen

Kein Ärger, weil mir nie was lang
Vor der Kutsche wär ein Spann
Soldaten sähe man mit Wehren
Moses käme mit zehn Boten
Sitte wäre, was wir flogen
Alle Frauen könnten sogar Bären

Fehler würden dadurch Macht
Du hast nur noch, was du sonst hast
Der Himmel strahlte uns voll Stirnen
Fairness wär das neue Recht
Am Unterleib wäre das Schlecht
Und schön wär sogar Lsenkirchen

Ich lüge immer
2022

Ich lüge immer.

Also, das kann man ja jetzt eigentlich nicht so sagen, weil wenn das wahr wäre, wäre ja auch dieser Satz gelogen und somit wiederum wahr, was ja unmöglich sein kann, weil es dann ja eine Lüge wäre, die trotzdem wahr ist. Oder so.

Ich müsste demnach viel eher sagen:

Ich lüge fast immer, nur im Moment grad nicht.

Aber das kann man ja jetzt eigentlich auch nicht so sagen, weil das vollkommen unglaubwürdig klingt. Ein Beispiel kann das vielleicht verdeutlichen. Man stelle sich vor, dass man eines Tages von seiner Ehefrau in flagranti beim Fremdgehen erwischt wird. Und dann sagt man:

Ich bin fast immer treu, nur im Moment grad nicht.

Das glaubt die nie.

Ich weiß das.

Vielleicht könnte man also besser formulieren:

Ich lüge oft.

Nun, auf den ersten Blick scheint das perfekt. Die Aussage ist weder selbstwidersprüchlich noch unglaubwürdig. Sie hat nur einen Nachteil: »Oft« ist ein unglaublich schwammiges Wort.

Wenn einem zweimal im Jahr ein Adler genau ins Auge scheißt, dann ist das schon oft. Wenn man sich hingegen zweimal im Jahr wäscht, dann ist das keineswegs oft. Das muss schon 1 000 Mal im Jahr sein, damit das so richtig oft wird. Aber wenn einem 1 000 Mal im Jahr ein Adler genau ins Auge scheißt, dann ist das noch öfter. Und waschen muss man sich dann ja auch noch.

Wahrscheinlich sollte ich es so sagen:
Ich lüge bei gewissen Gelegenheiten.
Ja, toll, aber wen soll das beeindrucken? Bei gewissen Gelegenheiten lügt doch jede*r! Stimmt nicht? Wer sagt denn die Wahrheit, wenn Omas Suppe mal nicht schmeckt oder wenn die neue Frisur der Freundin bei dir nichts als Kackreiz verursacht? Wer? Du? Du lügst doch! Und damit bist du selber der Beweis: Jede*r lügt bei gewissen Gelegenheiten. Wie endlos langweilig.

Darum müsste ich wohl am besten sagen:
Ich lüge nie.
Aber das wäre ja gelogen.

Umlaut zu sein
2019

Dänen, die auf Dünen dösen
nennt man Dünendösedänen
Himmlisch gähnen kühne Möwen
jenes kühne Möwengähnen
Schnäbel singen müde Töne
zwischen schönen Flügelschlägen
Schweben wie gelöste Tränen
über Dünendösedänen

Böen, die hinüberwehen
föhnen zügellos die Mähnen
Bügeln Bögen aus den Strähnen
lösen Knötchen im System
Fügen sich nicht blöde
dem trüben öden Weltgeschehen
Leben lieben üben eben
jene Dünendösedänen

Identität
2003

Im tiefen, klaren Ozean
schwimmt ein gestörter Pavian
Er leugnet dreist sein Affentum
und sucht nun bei den Fischen Ruhm!

Er hat sich einfach kahlrasiert
ein Schuppenmuster tätowiert
und gleitet so durchs weite Blau:
Er träumt von einer Thunfisch-Frau

Jedoch die Fische, die er trifft
wirken auf ihn wie bekifft!
Er gibt sich ernst, doch was er macht
er wird vom Fischvolk ausgelacht

Der Grund dafür ist leicht erraten
er wird ihn nie los, den Primaten
und imitiert den Hochseehecht
zwar leidenschaftlich, aber schlecht

Frustriert kehrt er zurück an Land
und zahlt so seiner Gene Pfand
Doch ziemlich schnell findet er raus:
Jetzt lacht man ihn hier auch noch aus!

Die Schuppen-Tattoos geh'n nicht ab:
Er bleibt ein Halb-Fisch bis zum Grab
Verloren zwischen beiden Welten,
kann für ihn ein Ziel nur gelten

Er hebt voll Zuversicht die Arme
und fängt zu flattern an
und fliegt zur Sonne, in das Warme
als ein Vogel-Pavian!

Hömma!
2017

Hömma!
Hömma, Omma!
Hömma, Omma, wennema!
Hömma, Omma, wennema KUX!
Hömma, Omma, wennema KUX, watt datt da is!
Hömma, Omma, wennema KUX, watt datt da is, watteda
hass!
Hömma, Omma, wennema KUX, watt datt da is, watteda
hass, wirse kucken!
Hömma, Omma, wennema KUX, watt datt da is, watteda
hass, wirse kucken mitte Omme!
Hömma, Omma, wennema KUX, watt datt da is, watteda
hass, wirse kucken mitte Omme umme Ecke!
Mitte Omme umme Ecke wirse gucken, wennema KUX
watteda hass, Omma!
Mitte Omma-Omme umme Ecke, samma, hömma,
kumma!
Samma, Omma, hömma, kumma, womamma
vonne Sache her nomma, womamma vonne Sache
her nomma kucken, watt datt is, watteda hass?
WOMMAMMANOMMA?

Krisse watt anne Omme von, Omma, oh Mann, oh Mann,
kommse umme Ecke mit, vonne Sache her nomma, je
nachdem watt datt is, watteda hass, musse gucken,
watte kriss!
Je nachdem watt datt is, watteda hass, musse gucken,
watte kriss!
Machse flott, ne?
Besserma bevorde inne Grube drinne bis, wa!
Hömma, Omma, wennema KUX, watt datt da is, watteda
hass, wirse kucken mitte Omme umme Ecke!
KUXEMA!
Bisse baff getz, wa?

Grammatik der Liebe
2010

1.
Es gibt keine Liebesgedichte in der Form Futur II
Und ich glaub, es wird sie nie gegeben haben
Denn dann wär die Liebe in der Zukunft vorbei
Und ein Riss zeigte heute den morgigen Schaden

Die Liebe wäre bald bloß ein Strauß alter Blumen
Der am unteren Ende schon langsam verfault
Das Brot wär gekaut und beim Anblick der Krumen
Würde mit der Geliebten auch die Hoffnung vergrault

2.
Auch wählen Poeten beim Erzählen von Liebe
Wirklich selten das trockene Plusquamperfekt
Es sei denn, die Dichter hatten Sand im Getriebe
Gehabt und als Greise den Fehler entdeckt

Die Liebe wär bloß noch ein Strauß alter Blumen
Der am unteren Ende schon langsam verdorrt
Das Erinnern füllt Herzen zwar noch mit Volumen
Doch ein Foto zu küssen, treibt die Sehnsucht nicht fort

3.

Vielleicht gibt es Liebesgedichte im Konjunktiv
Auch wenn ich das eigentlich wissen müsste
Die Was-wäre-wenn-Liebe wär jedoch schief
Weil ich nie genau wüsste, ob ich dich je küsste

So klingt mögliche Zuneigung leider nur kläglich
Ganz wie ein Strauß Blumen, den's nur virtuell gibt
Das Eventuelle wäre auf Dauer wohl schädlich
Es würde mit »würde« als Hürde geliebt

4.

Nicht morgen, nicht gestern und auch nicht im Vielleicht
Es klingt schwer grammatisch und leicht konstruiert
Wird die Liebe in Worten von Dichtern erreicht
Das liegt wohl daran, dass sie nur funktioniert

Wenn sie jetzt ist, im Präsens, in diesem Moment
Nicht als Metapher und nicht als ein blumiger Strauß
Bunter Zeilen, sondern nur, wenn sie live ist und brennt
Also Deutschbücher zu, Herz auf die Zunge und aus

Eins sein in Ines
2017

Sein
Ein Sein
Ein Sein is seins
Sein Sein
Sein Sein is Eins
Eins sein is seins
Eins sein is in
Eins sein is neiss

Es is ein Sinn
Es is ein Sinn in Sein
Sein Sinn is sie
Sie is Ines
Sie is sein Sinn in Sein
Sie is sein Sein
Sein Sinn is Eins sein – in Ines

Sie
Sie is Ines
Ines siesse sein Sein?
Ines: Nein

Seine Ines is nie seine?
Nie?
Sie is Eis!
Sie is Eisi Eis!
Sie is seine Sense!
Ines Niesen is sein Essen!
Ines is in I. S.!

Is sie es?
Is sie sein Sinn?
Nein!
Sie isses nie
Sein Sinn is Sein
Sein Sinn is Eins sein

Eins

Die Ruhr tickt

2014

»Wenn ein Hoden sich aus dem Hodensack löst und ins Innere des Körpers wandert, spricht man von einer Hodentorsion. Viele denken ja, bei einer Torsion verknoten sich die beiden Hoden im Sack«, sagte ich.

Ein gutes Gesprächsthema für ein erstes Date zu finden, war noch nie meine Stärke.

Lena runzelte die Stirn und versuchte, das Thema zu wechseln:

»Äh, ja. Sag mal, wo kommst du eigentlich her?«

Ich lächelte dankbar.

»Aus dem Ruhrgebiet, aus Bochum.«

Lenas Gesicht nahm einen Ausdruck an, den ich nicht zu deuten wusste. Dann sagte sie leise, aber bestimmt:

»Erzähl mir mehr von Hodentorsionen.«

Ich bin derartige Reaktionen gewohnt. Wenn man aus dem Ruhrgebiet kommt, erntet man mitleidige Blicke von Leuten aus Hoyerswerda oder Delmenhorst. Leute aus Berlin fragen, wo denn dieses »Ruhrjebiet« nochmal liegt – und Münchner*innen setzen sich an einen anderen Tisch. In einer anderen Bar. Dort versuchen sie, sich die traurige Tatsache, dass im Ruhrgebiet tatsächlich Menschen leben müssen, aus dem Kopf zu saufen. Tränen der Sehnsucht nach einer besseren Zukunft tropfen in ihr Weißbier.

Dabei wissen die meisten so gut wie gar nichts über das Ruhrgebiet, spätestens, wenn man ihnen erklärt, dass Köln nicht dazu gehört. Köln ist eine Stunde entfernt. Es sagt ja auch keiner, dass Leipzig zu Berlin gehört oder Hamburg zu Delmenhorst.

Ein Mann aus Leipzig hat mich übrigens mal gefragt, ob wir in Bochum überhaupt einen Fluss haben. Ich gab ihm den Tipp, dass unser Fluss so heiße wie eine Infektionskrankheit.

Er sagte: »Aha.« Und dann: »Bochum an der Aids?«

Nun ja, es stimmt schon, die Ruhr hat nicht den besten Namen der Welt erwischt. Sie ist der Jimi Blue Ochsenknecht unter den Flüssen. Aber dennoch ist sie ein sanft geschwungener, ruhig fließender Strom inmitten grüner Hügel. Man kann im Sommer sehr schön darin schwimmen gehen, ohne Gefahr zu laufen, dass einem hinterher Körperteile fehlen – oder neue wachsen. Sofern einem kein Schwan in den Unterleib tritt, ist nicht einmal mit Hodentorsionen zu rechnen.

Die Bewohner des Ruhrgebiets sprechen eine sehr direkte Sprache. Meine Großmutter sagte beim sonntäglichen Kaffeekränzchen auf fein bespitzter Tischdecke immer: »Reich mir den Marmorkuchen, sonst reiß ich dir mit dem Tortenheber ein zweites Kackloch, du Fickfehler!«

Das ist natürlich ein kleines bisschen übertrieben. Was allerdings stimmt, ist, dass wir die Sprache gerne verkürzen. Aus »Kommst du um die Ecke« wird »Kommse umme Ecke« und aus »Horch auf, mein junger Kamerad« wird »Hömma«. So simma halt. Isso. Is aber nett.

Auch um die Bausubstanz ist es nicht so schlecht bestellt, wie einen zum Beispiel die Süddeutsche Zeitung glauben machen möchte. Darin schrieb mal ein Journalist aus München, Bochum sähe aus wie die architektonische Fantasie eines besoffenen Frettchens. Das ist schon ein bisschen lustig. Ich möchte auch mal einen solchen

Satz versuchen: »Die Süddeutsche Zeitung liest sich, als ob einem ein bekiffter Habicht mit stumpfem Schnabel und einer gewissen Vorliebe für Steppdecken einen äußerst kostspieligen Frappuccino serviert.« Gut so?

Die Wahrheit sieht inzwischen anders aus:

Die heutigen Bewohner*innen des Ruhrgebiets leben vornehmlich in hölzernen Baumhäusern inmitten wieder aufgeforsteter Wälder. Die simpel gehaltenen Hütten sind durch ein komplexes Brückensystem miteinander verbunden, weil wir das in Star Wars, Episode VI, auf dem Planeten der Ewoks gesehen haben und tierisch cool fanden.

Oben in den Baumwipfeln hüpfen wir von Ast zu Ast, nackt, wie der Strukturwandel uns schuf. Dabei essen wir Bananen, die wir aus Äpfeln geschnitzt haben. Arbeit hat von uns keiner mehr, aber wir sagen nicht arbeitslos, weil das nicht mehr politisch korrekt ist. Wir sagen »zeitlich sehr flexible ethnische Minderheit«.

Unsere Wipfelwelt verlassen wir nur an besonderen Feiertagen. Dann klettern wir in farbenfroher Gesichtsbemalung und mit Gewändern aus Alabaster, Smaragden und Pfauenfedern bekleidet die Stämme der Bäume hinab auf den Boden der Tatsachen.

Unten, in den übriggebliebenen, größtenteils mit Moosen und Flechten überwucherten Fabrikhallen, machen wir dann die sogenannte »Kultur«: Wir tanzen um das Grubenfeuer, lauschen den Gesängen der räudigen Grunzbarden oder gehen zu Poetry Slams.

Im Anschluss gehen wir dann anne Bude und trinken Plörre ausse Dose, bis die einbrechende Nacht vom Gesang unserer Ahn*innen erfüllt ist:

»Hömma, kumma, ne! Kumma, kumma, da! Hömma, kumma, ne! Watt is datt denn da?«

Das alles erzählte ich Lena während des restlichen Dates noch.

Dass sie zwischenzeitlich gegangen war, störte mich nur geringfügig.

Eiszeit

2010

Vom Herbst zum Lenz geht diese Reise
Die Welt wird Schneeball-Einflugschneise
Flocken fallen, Lichter flackern
Frost erstarrt auf allen Ackern

Liegen bleiche Bauernleichen
An denen schwarze Krähen picken
Nur als Deko, nicht als Zeichen
Um die Szene auszuschmücken

Der Himmel hier hat Augenränder
Er wirft wie ein Adventskalender
Aus vierundzwanzig kalten Türchen
Eiskristalle und statt Bierchen

Trinken Menschen glühend Wein
Frieren sich die Ohren lila
Schenken sich noch einen ein
Bei ihrem Lieblings-Glühweindealer

Wir tragen zwanzig Zwiebelschichten
Die mitnichten nichts ausrichten
Weil sie uns die Konturen klauen
Darf man sich zu essen trauen

Was den Tisch zum Biegen bringt
Braten, Kekse, Schokolade
Wenn der Frühling dann erklingt
Biegt Salat das wieder gerade

Doch erstmal Kalorien tanken
Lustvoll kauend Ernte danken
Und wie Alchemisten Mandeln
Magisch in Hüftgold verwandeln

Uns unter den Misteln küssen
Wenn uns auch die Lippen frieren
Bei Lebkuchen und Pfeffernüssen
Selbst den Zuckerschock riskieren

Fleißig Mürbeteig verschenken
Auch mal um Nussecken denken
Leicht verletzlich ohne Lätzchen
Der Ofen wird zum Arbeitsplätzchen

Zwischen Raclette und Fondue
Steht der Winter in der Mitte
Diät vergebene Leibesmüh
Bitte sagt das auch Brigitte

Der Magen so groß wie der Wille
Karamell, Paranuss und Vanille
Über allen Kipfeln ist Ruh
In allen Schnitzeln spürest du

Dich kulinarisch kulminieren
So kugelrund und pudelwohl
Alles mit Allem kombinieren
Wozu sind wir innen hohl

So sind wir heut auf dünnem Eis,
Die Sonn ist rot, der Frost ist weiß
Und unter uns der erste Riss
Zeigt, wo der Hungerhaken ist

Superprall
2014

1.

Dort, wo sich die Ebenen zu Tälern verschmälern
Da lebten seit jeher die Schwaben
Recht sparsam und froh, bis dann einer beschloss:
»Komm, lass uns den Bahnhof begraben!
Kehrwoche hin und Maultasche her
Das Ding kommt jetzt unter die Erde!
Da obendrauf bauen wir Business-Gebäude
Auf dass das wie Frankfurt hier werde!«
Und alle so: »Yeah!« und keiner so »Buh!«
Denn zuerst hieß es: »Nur'n paar Millionen!
Ihr werdet schon seh'n, das wird superprall
Diese Investition wird sich lohnen!«
Doch schnell wollte man mehr und ein Schwabe
Bemerkte, man hatte ihn gierig belogen
Da hat er voll Groll die Maultaschen gepackt
Und ist nach Berlin hingezogen

2.

Es klappern die Laptops im Rauschen der Spree
Da leben seit jeher Berliner
Recht hip und recht froh, bis dann einer beschloss:
»Komm, wir machen mal was gegen's Klima!

Club-Mate hin und Dönermann her
Lasst uns einen Flughafen bauen!
Mit ganz vielen Terminals, so wie in Frankfurt!
Das klappt, ihr könnt mir vertrauen!«
Und alle so: »Yeah!« und keiner so »Buh!«
Denn zuerst hieß es: »Nur ein paar Wochen!
Ihr werdet schon seh'n, das wird superprall
Dann ist's fertig, ganz ehrlich, versprochen!«
Unser Schwabe, der's hörte, platzte vor Wut
Fast aus seinen Hipstergewändern
Schrieb an Prenzlauer Hauswände: »Schwaben raus!« –
Und wollt sich in Hamburg verändern

3.
Auf der Reeperbahn nachts und bei Tag am Fischmarkt
Da leben die Hamburger, die
Waren nordisch by nature, bis einer beschloss:
»Komm, wir bauen 'ne Philharmonie!
Hoch überm Hafen, dann ist Platz für Klassik
Die wir Seeleute seit jeher lieben!
Und wir kriegen 'ne Skyline, fast wie in Frankfurt
Ganz ehrlich, ist nicht übertrieben!«
Und alle so: »Yeah!« und keiner so »Buh!«
Denn zuerst hieß es: »Das wird nicht teuer!
Ihr werdet schon seh'n, das wird superprall
Und geht gar nicht zu Lasten der Steuer!«
Der Schwabe entsetzt, hat dann nicht mal mehr
Sein Fischbrötchen fertig gegessen
Wie weit noch nach Norden muss er wohl ziehen
Bis die Leute Frankfurt vergessen?

4.

Hoch auf der Nordsee, im salzigen Wasser
Da leben seit jeher die Wellen
Und schwimmende Schwaben, bis einer beschloss:
»Kommt, lass uns hier auch was hinstellen!
Ein Windpark wär toll, der macht Energie
Und die soll dann uns allen gehören!
Das wird zwar recht hässlich, so wie Frankfurt
Doch wen soll das hier draußen stören?«
Und keiner so: »Yeah!« und einer so »Buh!«
Denn hier draußen war nur der Schwabe
Der kannte das schon und wusste sofort
Hier trägt man Moneten zu Grabe
Natürlich wurd trotzdem sofort losgebaut
Und was ist dann daraus geworden?
Wie jegliches Großbauwerk unserer Zeit –
Schon bei der Geburt verstorben

5.

Das alles ist tragisch und Zeichen des Hochmuts
Mit dem uns Konzerne regieren
Doch solange das WLAN hier ruckelfrei läuft
Werden wir darauf kaum reagieren
Vielleicht posten wir einen zynischen Tweet
Oder klicken auf Facebook nicht Like
Vielleicht schreiben wir auch ein böses Gedicht
Oder machen mal halbtags 'nen Streik
Dann wird uns langweilig, weil doch nichts passiert
Und wir schimpfen wieder aufs Wetter
Da glauben wir wenigstens, dass sich was tut:
»Die Sonne ist unser Retter!«
Aber wo ist der Schwabe, den seine Wut
So weit Richtung Norden getragen?
Der baut superprall mit Eskimos Iglus
Weil sie sowas in Frankfurt nicht haben

A.N.G.S.T.

2016

Anfangs nämlich Grüße, sämtliche Traumfrauen
Auch natürlich Gentlemen, samt Tinderdate
Alle nach genanntem Schema treffend
Also nun, geneigt schauende Tausend!

Auf neue Geschichten, sanftes Teutonenreich
Alterndes Neuland, gemischt seine Teile

Also, nun gelauscht speziellem Thema:
Alpenfreistaat, neureich, gelegen südlich, trinkfest
Anführer namentlich genannt: Seehofer, Typ
Alleinherrscher; nur Gehässige sagen »Tyrann«

Aber neuerdings gerät Souverän tragisch
Am nervösen Grenzzaun syrische Trauerzüge
Angst! Natürlich geht sie tief!
Alle nämlich geflohen sicherem Tod

Abendland, Nachtland, Grenzzaun, Stacheldraht, Transfer
aus Niedergang, Geflüchtete samt Tross
»Aha! Nein!«, geifert Seehofer tierisch
Aufregung nährt genau seinen Tonfall

»Alles Neue gefährlich, sagt Tradition!
Anfangs notlanden, gerade so tolerierbar
Aber Niqabs gehören sicher terminiert!
Auch nicht grapschend Schwimmbäder terrorisieren!

Andersdenkende Neulinge, gepflegte Sitten torpedierend!
Asylbetrüger nuckeln gierig Sozialsysteme trocken!

Allerschlimmstens: Neben Geflüchteten sind Terroristen!
Anschläge nähren genau solche Theorien!
Amok nach grausamem Schema Tod!
Apokalypse! Nuklearer Gau! SUPER TERROR!

AAAAAAH! NNNNNN! GRRRRR! SSSSSSSSSSSS!
TATTATTATTAT!«

Angela nerven gewaltig Seehofers Tiraden
Andere nutzen Gegenwind selbst tobend
AfD nennt Gerede softe Töne
Aber niemand gibt Seehofers Trotzkopf
Aus nötigen Gründen seine Totalkontrolle

Alle nörgeln gegen seine Tiefschläge
Ach, niemand glaubt seinen Thesen
Abendland, Nachtland, gibt sich taub
Abwärts, naives, gegendert schwules Teutonenreich
Allmächtiger Nimbus gefürchteter seichter Toleranz

Armer, nicht gehörter Seehofer, töricht
Auf nutzlosem, grauem, staubigem Thron
Ach, nichts geschafft, stattdessen Tristesse
Alles narkotisierender Gedanke seltsamer Tiefe

Altert nun, gibt sich Träumen
Anheim, nagt Graubrot samt Teewurst
Altersheim, neue Gemächer Seehofers, träges
Abendbrot, Nachtruhe, gelangweilt, schaut Telenovelas

Allein, nötig gelegentlich sein tüchtiger
Altenpfleger, Nissam genannt, syrischer Typ,
Augen nussbraun, groß, stark, Totalkontrolle,
Aber nebenbei glücklicherweise sehr tolerant

Das Kreuz mit den Worten
2010

Ich habe eine stark ausgeprägte Kreuzworträtselschwäche. Getränk mit drei Buchstaben, erster Buchstabe T?
Keine Ahnung.

Ich kriege meine Wörter einfach nicht in diese Gitter.
Sie wollen nicht geordnet auf der Stange sitzen und nicht
schachfigurengleich in kleinen Quadraten ihr Dasein fris-
ten. Meine Wörter sind Chaoten. Mit Iro und zerrissenem
Shirt. Mit Slime im Tapedeck und Ratte auf der Schulter.
So sind die drauf. Und das ist ganz okay. Wenn ich Ordnung will, kaufe ich mir einen karierten Collegeblock und
lese ihn mal in Ruhe durch.

Zahlwort mit vier Buchstaben, erster Buchstabe V –
vünf?

Stell dich in die Mitte einer beliebigen Stadt, öffne die
Augen und zähle die Buchstaben. Wenn man Zahlen buch-
stabieren kann, dann geht auch das. Alles ist voller Schrift,
die ganze Stadt ist buchstabierbar. Bilde die Summe der
Zeichen auf Schildern und Plakaten, auf Tafeln und Rekla-
men, auf Bussen und Bahnen, auf Häusern und Straßen,
auf Säulen und Fahnen und Fenstern und Türen und dir.
Denn auch du trägst Buchstaben an dir. Zeig mir den Menschen, der keine Schrift an sich trägt.

Auf manchen Menschen steht: »Nature style original
power since 1996« oder: »Energy Spirit Free System 3 000

Eco Juvenile Party Zone Era True ... by Nature«. Auf anderen Leuten steht: »Ich bin dreißig, bitte helfen Sie mir über die Straße!« oder: »Delfine sind schwule Haie«. Es gibt auch welche, auf denen steht einfach: »Adidas« oder: »Carhartt«.

Egal, auf allen steht etwas. Alle sind beschriftet, beschriftet. Alle sind beschriftet.

Denkorgan mit sechs Buchstaben, fängt mit G an? Geh weg?

Und so geht es weiter: Wenn mir die Beschriftung der Dinge noch nicht ausreicht, dann gehe ich online. Ich klicke mich zu mehr Wörtern über all die Dinge da draußen. Zu jedem Produkt gibt es seitenweise Sätze, bis sich die Texter in den Agenturen die Fingerkuppen schrundig geschrieben haben. Alles wird ellenlang im Netz beworben.

Und da wollen wir natürlich nicht hinten anstehen und bewerben uns auch schriftlich beim Herrn Internet persönlich. Per Twitter, Facebook und VZs texten wir uns im wörtlichen Sinn zu. Und unsere Sätze sind wie Fische im Netz. Und wenn man per Google die Angel auswirft, finden sich zu fast jedem per Mausklick halbe Romane. Und ganze Foto-Lovestorys.

Simone F. postet, dass sie sich heute mal fettarme Milch in den Kaffee kippt. 15 Leuten gefällt das, 7 Kommentare. Alle Kommentare anzeigen? Bald weiß jeder alles über alle. Nur einen kennt keiner mehr: Wayne. Kennst du Wayne?

Stille mit vier Buchstaben, erster Buchstabe R: raus.

Tucholsky erzählt von einem Mann, der wie ich an Kreuzworträtselschwäche litt und der die stets bleibenden Lücken am Ende mit frei erfundenen Wörtern füllte, bis alles passte. Als er sich dann umsah, summte auf seinem Schreibtitzl eine Failge; die Sumis schien durch das Fenster, und der Himmel war plott.

Am Anfang war das Wort. Und dann hat es den Rest der Welt geschaffen. Also schreibt, was ihr wollt.

Schluss mit vier Buchstaben, erster Buchstabe E: Vielen Dank fürs Zuhören …

Am Ufer des Überflusses
2016

»Hier gibt es ja wirklich alles! Leck mich fett! Und alles voll günstig!«

Lass uns
Einatmen und aufsparen
Uns rauswagen ins lauwarme Ausarten
In den einladenden Auslagen im Kaufladen
Liegen saustarke Tauschwaren
Die will ich auch haben
Und ausatmen

Man hat sich im Laden geschlagen um den Thermomix
Und hat man ihn, hat man halt viel Lärm um nix
Man ehrt den Besitz, weil man gerne was kriegt
Um mehr geht's da nicht, wenn du ehrlicher bist
Merken die Kids, wie erbärmlich das ist?
Verzehrt sich ganz schlicht nach entbehrlichem Mist
Die zärtliche List, mit der Werbung dich küsst
Wehr dich doch nicht gegen herrlichen Shit
Am Ende wird es eh auf den Sperrmüll gekippt

»Gibt es den Hello-Kitty-Aschenbecher auch in babyblau? 59 Euro? Ich nehme zwei!«

Am Überflussufer kann man sitzen und fischen
Ist üblich halt smoother, da selbst mitzumischen
Das kannst du sehr leicht ohne ganz coolen Scheiß
Dazu reichen schon Flaschen mit Pfannkuchenteig
Zum Helden erhoben mit gewählten Pantoffeln
Kaufst du dir Dosen mit geschälten Kartoffeln
Selbst Orangen gibt es ohne Schale zu erwerben
In Plastik verschweißt, sonst würd die Ware verderben
Rationales muss sterben, um das Wahre zu werden
Und den Schaden verbergen, denn das zahlen die Erben
Wir schlagen die Kerben, sie haben die Scherben
Wir erleichtern das Konto, statt uns zu beschweren
Die kleinste Geige scheint hier der Grundton zu werden

»Ich fass es nicht! Ein zwei Meter breites Schwarzweiß-
Foto, auf dem die Golden Gate Bridge knallrot ist? Das häng
ich mir hochkant in den Schuhschrank! Und jetzt hab ich
Hunger!«

Kauf dir Biobananen, importiert aus Argentinien
Fünftausend Meilen Banalität auf geraden Linien
Ein kleineres Laster, sonst nur vom heimischen Acker
Diese peinlichen Patzer legen wir heimlich ad acta
Für uns ist Couscous ein Muss, muss nix mehr erklären
Statt Bonbons und Chips futtern wir Nussmix und Beeren
Wir haben kein Gesicht, nur ein Gewicht zu verlieren
Hier heißt richtig dinieren, keinen Fisch zu panieren
Auch wenn man
Statt Schnitzel zu braten, nur Buchweizen will
Glitzert im Garten der Hochleistungsgrill
Man stochert drin rum, er macht nur schlecht Feuer
Das Zeug schmeckt nach Dung, ist aber echt teuer
Vergiss den Geschmack, hier wird trendy geknabbert
Ich hab mir vor Glück auf mein Handy gesabbert
Das kann Internet, Telefon, Navigation

Und lässt man es los auch noch Gravitation
»An der nächsten Kreuzung bitte nach unten abbiegen!«
Ansonsten ist man kaum noch runterzukriegen
Auf unteren Liegen gibt es nicht unser Zufrieden
Die Kunst ist, zu fliegen
Weil wir nur hundert Gramm wiegen

*»Was kosten die Chiasamen? Heftig! Nehmen Sie meinen
Hund in Zahlung?«*

Für zwei Stöcke zum Walken ein Monatsgehalt
Sie liegen nur rum wie ein Ohnmachtsanfall
Ein komischer Knall und die Silvesterrakete
Aus dem Fenster geballert, vergesse die Knete
Man testet den Käse mit den teuersten Raspeln
In euren Tassen nur das Zeug aus den Kapseln
Wollt ihr euch was basteln, aus Scheinen ein Nest
Fliegt mit eigenen Jets aus dem einsamen Jetzt
Und mit »Jetzt« mein ich »nie«
Und mit »Jets« nur die U-Bahn
Happy Thanksgiving, wer ist hier der Truthahn?

Das Fazit des Textes, den ich hier grad schreib
Als Leitsatz dabei hat sich wirksam gezeigt
Der folgende Kodex der Wirtschaftlichkeit
Man kauft sich die Rolex und hat nicht mal die Zeit

Lass uns
Einatmen und aufsparen
Uns rauswagen ins lauwarme Ausarten
In den einladenden Auslagen im Kaufladen
Liegen saustarke Tauschwaren
Die will ich auch haben
Und ausatmen
Sich vorm Kauf, ob man es braucht, fragen

»Wow, was sie für Aussagen draufhaben! Konsumkritik und so, voll der coole Text! Kann man irgendwo Ihr Buch kaufen? Ich nehme zwei!«

Hinter dem Tellerrand

2020

Die weißen Kacheln aufgereiht wie Zähne
Sind doch nur abwaschbare Wände
Schwarze Fließbandzungen ohne Ende
Die Kälte kämmt das Leben aus der Mähne
Mittendrin mit Augen aus zwei Nummern
Der Herzschlag von den Bolzenschüssen weich
Blickt ein Mensch auf rohes Fleisch
Es ist seins – und er hat Hunger
Das wird nicht diese Sorte Text, zumindest nicht auf Dauer
Das W in Lyrik steht für Wut – und in ich bin sauer

Ich muss es an dieser Stelle offenlegen: Ich bin kein Vega-ner. Sonst hätte ich euch das ja auch gleich zur Begrüßung gesagt. Pew, pew, Powerpunchline von 2002.

Ich bin auch kein radikaler Tierschützer. Wirklich nicht. Soll ich zum Beweis einen Hund treten? Und dann essen? Meine Agentin sagt, das geht nicht. Nicht schon wieder. Aber what the fuck ist los mit euch?

Wenn man einen einzigen Veggie-Day pro Woche vor-schlägt, rastet ihr aus. »Fleisch ist unser Recht. Wir brau-chen unser Fleisch. Ein Veggie-Day ist Bevormundung, Hass-Dikatur, linksgrün versiffter Stalinismus! Und Zen-sur!«

Aber ey, kein Problem, ihr Orks, sagt, was ihr wollt. Ich sag dann halt dazu, was ich will. Das ist keine Zensur, das ist sogar ganz genau das Gegenteil davon. »Aber heute kann man gar nicht mehr sagen, was man will, gerade als alter weißer Mann. Da wird man sofort diskriminiert.«

Fick dich, du Thorsten, natürlich kann man sagen, was man will, schau mich alten weißen Mann an! Und wenn du nichts mehr sagen kannst, wieso höre ich dann jeden Tag den gleichen Bullshit von dir und deinen vor Testosteron überschäumenden Kumpanen, die gleichzeitig so fucking labil sind, dass sie nach einem Tag ohne Bratwurst sofort tot umfallen würden? Wie geht das eigentlich mit eurem Selbstbild überein, dass ihr knallharten Typen immer sofort in eine demütige Opferpose verfallt, wenn euch jemand kritisiert?

»Ich bin stolz und stark und ich grille mir jetzt ein lebendes Wiesel.«

»Das halte ich für keine gute Idee.«

»Hilfe! Ein linksradikaler Ökoterrorist will mich fertigmachen! Ich werde unterdrückt! Zensur!«

»Aber Thorsten, ich bin deine Frau.«

Mal ehrlich, was ist da los?

Was ist los mit den Leuten, die einen kollektiven Nervenzusammenbruch kriegen, wenn ein Kampfhund, der ein Kleinkind umgebracht hat, eingeschläfert werden soll, aber Kükenschredder nehmen sie lächelnd in Kauf, damit ihr fucking Frühstücksei zwei Cent weniger kostet?

»Aber Fleisch ist ein Menschenrecht!«

Na klar. Wer kennt sie nicht, die dreißig Menschenrechte der Vereinten Nationen:

Freiheit und Gleichheit an Würde und Rechten, Schutz vor Diskriminierung, Recht auf Leben, Verbot von Sklaverei und Folter, Anerkennung als Rechtsperson, Gleichheit vor dem Gesetz, Rechtsschutz, faire Verfahren, keine willkürlichen Inhaftierungen, Unschuld bis zum Beweis des Gegenteils, Recht auf Privatleben, Bewegungsfreiheit und Asyl, Recht auf Staatsangehörigkeit, Familiengründung, Eigentum, Gedanken-, Gewissens- und Religionsfreiheit, Meinungsfreiheit, Recht auf friedliche Versammlung, Demokratie, soziale Sicherheit, Recht auf Arbeit, Freizeit, Essen, Unterkunft und ärztliche Versorgung, Bildung – ich sag das nochmal: Bildung –, Recht auf Kultur, Urheberrecht, soziale und internationale Ordnung, das Recht auf Menschenrechte und das Recht auf siebzehn Zwiebelmettbrötchen pro Woche. Muss man wissen.

»Aber Fleisch muss billig sein, damit es sich alle leisten können.«

Sag mir mal einen guten Grund, warum soziale Gerechtigkeit herbeigeführt werden muss durch Käfighaltung von Säuen, Ferkelkastrationen ohne Betäubung und coronatote Billigarbeitskräfte? Wäre es nicht eventuell eine bessere Idee, Superreiche und Großkonzerne konsequent zu besteuern, davon ein bedingungsloses Grundeinkommen einzuführen, damit dann jede und jeder locker mehr 50 Cent pro Pfund gemischtes Hack bezahlen kann? Just sayin'. #gemischteshack #billig

Wenn es mir zu gut geht, lese ich mir zum Ausgleich dein T-Shirt durch: »Vegetarier essen meinem Essen das Essen weg«. Haha und LOL und ROFL. Das Schwein, aus dem dein Schnitzel ist, weißt du, was das gefressen hat? Brei aus Soja und nicht verwertbaren Resten industrieller Produktion, Öle, Fette und genug Antibiotika, um das halbe Mittelalter von der Pest zu befreien. Ich bin da kein Experte, aber ich wüsste aus dem Stehgreif keine Vegetarierin, die dazu sagen würde: »Ja, geilo, nice, immer rauf auf mein Tellerchen mit dem Leckerchen und dann schön in den Korpus reindreschen, omnomnom.«

Und hinter dem Tellerrand geht's weiter. Es will mir einfach nicht in den Kopf, wie wir Mitte Mai 2020 eine Reihe von Masseninfektionen bei Werksarbeiter*innen in der Fleischproduktion hatten. Das war überall in den Nachrichten. Und wisst ihr, was deswegen dann passiert ist in allen Fleischfabriken dieses Landes? Richtig. Nichts. Keine Änderung an den Arbeitsbedingungen oder an den Massenunterkünften, nichts.

Ganze sechs Wochen später kam es dann zu den Vorfällen bei Tönnies. Und erst dann hat es überhaupt jemanden interessiert, weil nämlich Gisela aus Gütersloh plötzlich Angst um ihren Urlaub auf Rügen hatte. Ja, da sind natürlich alle sofort auf die Straße gegangen. Zumindest, um sich ein Attest zu holen, damit sie nicht auf ihre Schnitzel mit Ostseeblick verzichten müssen.

Doch nach Wochen des Stresses von allen (außer Armin Laschet) hat Tönnies jetzt eingelenkt und baut Wohnungen für die Arbeiter*innen. Super. Übrigens sollen die dann 16 Euro Miete pro Quadratmeter zahlen. Preise wie in München, aber in einer winzigen Wohnung am Rande von Rheda-Wiedenbrück mit Blick auf die Fleischfabrik. Ist ja nur für Leute, die ihr Leben riskieren für den Mindestlohn. Mindestlohn natürlich abzüglich der von den Arbeiter*innen selbst zu zahlenden Mietkosten für Arbeitsbekleidung, Material etc. pp.

Wir alle jubeln, weil die Regierung Werksverträge in der Fleischproduktion verboten hat, zumindest für Großbetriebe über 50 Mitarbeiter*innen. Aber am selben Tag hat Tönnies 15 neue Firmen gegründet, kein Witz, die heißen »Tönnies Production 1« bis »Tönnies Production 15«, da kann er dann jeweils 50 Leute in Werksverträgen anstellen. Alles legal.

Ich bin wirklich gegen Gewalt. Aber Clemens Tönnies kann meinetwegen sehr gerne mal ein Wochenende im Aufzug stecken bleiben mit Mike Tyson, Steve-O und Atilla Hildmann. Die sind übrigens alle drei vegan. Denkt mal drüber nach. Guten Appetit.

Öffnungsdiskussionsorgie
2021

Die Sprache ist im Fluss und inzwischen ist sogar der Duden ein Dude – und es wird darin gegendert. Wie schön ist es eigentlich, dass betonkonservative Rechthaber*innen wie die Werteunion oder der Verein Deutscher Sprache dadurch nach allen Regeln der Kunst falsches Deutsch sprechen. Ja, LOL, ey.

Pro Jahr erweitert sich unsere Sprache um im Schnitt 200 Wörter. Nun war 2020 vieles anders – auch das. Die krass geänderte Lebenswelt der Menschen muss auch eine neue Sprache spiegeln und so kommt es, dass Forscher*innen des Leibniz-Instituts für Deutsche Sprache (IDS) in Mannheim im letzten Jahr 1 200 neue Wörter gefunden haben.

Und da ist das Wort »Pandemievokabular« noch gar nicht mitgezählt, das habe ich mir nämlich frech selbst ausgedacht.

Mein Name ist Risikogebiet, wenn ich mich vorstellen darf
Ich teile das Land, wenn nötig sogar »dorfscharf«
Wenn ich so was höre, bleib ich nonstop ein Trotzkopf
Von Bottrop bis Rostock, leck mich doch am Hotspot

Wir steigern uns vom Wellenbrecher
Zum Lockdown light
Vom Brückenlockdown zum Shutdown
Und wenn der nicht reicht
Wird er zum Megalockdown, dem Hohn der Nation
Das klingt nicht nach Krise
Das klingt nach Pokémon-Evolution

Aber immer begleitet von der Lockerungsdebatte
Weil man uns sonst keine Hoffnung mehr machte
Politiker*innen geben sich menschlich
Und fordern unendlich
Ein Ende des Lockdowns
Als wäre der das Verhängnis

Jetzt guck nicht so betroffen
Es war alles geschlossen
Doch Büros blieben offen
Zum Auf-Bildschirme-Glotzen
Warum kein Homeoffice?
Da muss man echt den Sinn erst suchen
Der Chef will nur nicht
Dass wir ihn beim Zoomen immer muten

Der schmiedet im Feuer der Kontrollsucht
Immer neue Pläne
Redet von Präsenzkultur und Pendlerquarantäne
Studierende machen hingegen ihre Semester hybride
Noch nicht ganz Androiden, aber den Kopf in der Maschine
Und Schüler*innen entdecken gemeinsam
Im virtuellen Klassenzimmer
Die schönsten Löcher der Internet-Infrastruktur
Die passen immer

Manche Worte sind schon wieder weg
Denkt man schadenfroh
Die Corona-WarnApp
Wohnt jetzt auf 'nem Gnadenhof
Und redet von besseren, bequemeren Zeiten
Mit Myspace und StudiVZ und ähnlichen Seiten

Ach ja, eines wird zu wenig erwähnt
Bei all den Gesprächen über den schwedischen Weg
Ich find es gut, dass man entschlossen
Ein zweites Ischgl verhindert
Und so die Reichweite der CD
»Après Ski 2018« verringert
Wobei, für Andreas Gabalier
Machte mich das schon betroffen
Als ich las: Grenze nach Österreich
Wegen Mutanten geschlossen

Apropos: Auf den Straßen gekränkte Stänkerer
Und zänkische Männer
Die kommen kaum geradeaus
Darum nennen sie sich Querdenker
Die treffen sich auf Anticoronademos
Reiten Wellen wie Sinus
Maskenlos durch die geistige Nacht
Ganz zur Freude des Virus
Hier hält man Bill Gates für den Antichristen
Aber marschiert entspannt an der Seite von Faschisten
Für die bin ich Systemhure
Seuchen-Sheriff oder auf Twitter
Kommunist und Panikmacher
Manchmal gar Hygieneritter

Wenn ihr das hier hört
Seid ihr vielleicht auch ein Schlafschaf
Das die Maulkorbmaske total gerne trägt
Weil ihr immer schon so brav wart
Schafe sind wir übrigens
Weil wir auf die Wissenschaft hören
Und damit Atilla Hildmann
Bei seiner Kissenschlacht stören

Diese Leute reden ernsthaft
Auf einer Demo unter Polizeischutz
Vom Leben in einer Diktatur
Und ihrem mangelnden Einfluss
Unter welchem Stein lebst du eigentlich
Du ahnbare Assel
Du bist nicht Sophie Scholl
Höchstens Jana aus Kassel

Und wieso tragt ihr statt Masken Spuckschutzscheiben
Glaubt ihr, so kann man es dem Luftschmutz zeigen?
Das klappt so gut wie die gelben Quadrate am Bahnsteig
Wo der Rauch nie rauszieht und uns damit erspart bleibt

Wenn ich den Mundnasenschutz als Grundlage nutz
Filtert der aus dem Dunst meines Schlunds Atemschmutz
Doch trägt man die Maske nur als Kinnwärmer
Oder Schlafbrille, ist das natürlich sinnärmer

Auch dafür gab es neue Worte
Aus dem siebten Phrasenhimmel
Man nennt das jetzt Nacktnase
Oder auch Nasenpimmel
Die meisten Menschen finden zum Glück
Maskenmuffel beknackt

Nehmen zum Kuscheln
Jemand anderen als Knuffelkontakt

Neuerdings wird aus jedem zweiten
Querdenker und Schimpfquengler
Ein tränengetränkter, schwerbehängter
Sehr beschränkter Impfdrängler
Neuerdings gilt
Wenn ein Schiff gegen einen Eisberg fährt
Frauen und Kinder
Und der Bürgermeister von Halle zuerst

Das ist nicht zu verstehen
So wie dieser Text vor zwei Jahren
Doch heute sind wir mit all diesen Wörtern im Klaren
Wie viel besser wäre es
Wir müssten sie nie wieder sagen
Und könnten uns stattdessen
Ganz nonverbal umarmen

Namen und Daten
2010

Untertitel: Aufgrund des Ausbleibens der fristgerechten Einreichung Ihrer Einkommensschätzung für das dritte Quartal 2010 haben wir gemäß Paragraph 12 KSVG Ihren Hamster überfahren.

Wir haben unsere Namen und Daten
In Formularen eingetragen
Berge von nackten Zahlen und Fakten
Gestapelt
In Akten in Seitentrakten
Bis sich die Bögen biegen
Regalböden knacken
Faltkanten knicken
Unter der Last des
Defragmentierten Daseins

Zwischen Melde-Schein und Wirklichkeit
Liegen Leben trocken wie Sand
Auf endlosen Ebenen aus Zellulose blank
Füllen Fall um Fall in viel zu vielen Filialen
Schrankwand um Schrankwand

Zwischen den Zeilen
Zwacken zeckengleich Heftzwecken
An Eselsecken
Im Post-it-Puzzle-Schlamassel
Verlieren sie Hoffnung und Haftung
Ohne Uhu
Ohne Uhu
Doch Büroklammern halten zusammen

Komm, wir
Kopieren, kopieren, kopieren, KLING
Kopieren, kopieren, kopieren, KLING
Kopieren, kopieren, kopieren, KLING
Bis keiner mehr kapiert
Wer was kopiert

Schreibtischstuhlrollen drehen durch
Stempelkissen küssen schwarz und feucht
Wie Kaffee
Und Kaffee ist das Benzin im Motor des Hamsters
Im Laufrad der großen weißen Uhr
Die hier allen den Puls vorgibt
Allen auf den Zeiger geht
An deren Tick-Tack sie lutschen
Und die um halb eins
Fünfe gleich sein lässt

Komm her, alter Bürohengst
Du geiler Stempelschmied
Zieh mein Konto aus
Verwalte mich
Trag mich ein
Füll mich aus
Frankier mich
Broschür mich

Gib mir Tiernamen
Und Steuernummern
In dreifacher Ausführung mit doppelter Durchschlagskraft
Yeah, Baby, yeah

Die neonhelle Nacht
Ist hier schwarz auf schwarz
Gedruckt
Im Ernst

In ewigen Fluren
Touren die Torturen
Leben die Antipoden
Der Leidenschaften
Die sich ihr Leiden eidesstattlich
Versichern lassen
Standesamtlich standrechtlich abgeurteilt werden
Zwischen Tauf- und Sterbe-Urkunden taufrisch aufbereitet
Und sachbearbeitet
Wer träumt nicht davon, mal von Fachkräften nach
Kräften sachbearbeitet zu werden?

In A-G und H-N und O-Z aufgeteilt
In Büros mit goldgerahmten Kinderbildern an Wänden
Und sachlichen Tonfällen in der staubgrauen Luft
Unschuld vortäuschend und Ungeduld fördernd
Warten wir uns eine
Neurose ans Gemüt
Wo der Leitz-Ordner blüht
Will ich in Reih und Glied
Begraben sein
Im unendlichen Pastellbeige
Der Oma aller Farben

Ich möchte Tränen kotzen
Auf all jene, die da harren
Auf den harten Stühlen
Vor den heiligen Hallen
Der Verwaltung
Die eine Nummer gezogen haben
In der Losbude Rathaus
Es sind alles Nieten

Auf dem Jahrmarkt der Heikelkeiten
Ist Bürokratie ein verlorenes Kind
Verstoßen von ihren Eltern
Recht und Ordnung
Fristet sie ihr Dasein
Aus Papier
Auf der zähen Strecke
Zwischen zwei Stempeln
Und sie kann mich mal
Fernmündlich
Deutlich
Und in Druckbuchstaben
Am Stempelkissen lecken

Werft eure Ausweise weg
Ich heiße ab heute Peter Pan
Und hoffe, es kein Haken an der Sache
Und erst recht keine Büroklammer

Online sein
2007

(Nein, ich möchte keinen Problembericht an Microsoft senden.)

Ich bin online.
Ich bin so online, dass ich Liebesbriefe in HTML schreibe.
Und Lieder in Leet.
Ich bin so online, dass mein Avatar mir ähnlicher sieht als mein Spiegelbild.
Ich bin so online, ich klicke meine Freundin zweimal an, wenn ich Sex möchte. Hab ich Freundin gesagt? Ich meinte Maus.
Ich bin so online, ich lach nicht mehr, ich sage LOL.
Ich bin so krass online, ich sitze @Schreibtisch und klaue Texte @Lars.
Ich bin so voller Internetsprache, dass Kommunikation mit meiner Oma unmöglich geworden ist.
»Junge, möchtest du einen Keks?«
»ROFL. Yeah, ihr Noobs, Oma owned euch alle @Keksbacken.de!« Doppelpunkt, Klammer zu.
Egal.
Denn ich bin so online, ich hab eine Flatrate beim Pizzataxi und der Gegenwert meines Flaschenpfandes macht meine Wohnung zum postmodernen Bernsteinzimmer.

Ich bin so online, ich kann mein E-Mail-Passwort schneller tippen als meinen Namen.

Ich bin so online, ich bin ein Diener des Servers. Serve of the servants somehow.

Ich bin so online, ich kann gerade noch von 0 bis 1 zählen ...

Ich bin so Newsletter, ich weiß weit und breit über jeden Scheiß Bescheid.

Ich bin so Secondlife, dass die Realität bei mir die zweite Geige spielt.

Ich bin so Counterstrike, ich hab gar keine Zeit mehr, in die Schule zu gehen und Amok zu laufen.

Ich bin so Google, dass ich den Sinn des Lebens gegoogelt und gefunden habe. Ja, das geht.

Ich bin so ICQ, dass ich sogar das fiese Nebelhorn beim Hochfahren liebe.

Ich bin so Flickr, weil mich die flackernden Bilder auf lodernden Bildschirmen locken.

Ich bin so Myspace, ich hab über tausend Freunde. In echt.

Ich bin so Pop-up-Werbung ... Plöpp. Herzlichen Glückwunsch! Sie sind der 1 000 000ste, der mich fragt, warum ich ausgerechnet Sebastian 23 heiße. Sie gewinnen einen nagelneuen genervten Gesichtsausdruck. Fenster schließen.

Ich bin so YouTube, denn YouTube killed the video star.

Ich bin so StudiVZ, nenn mich Gruscheltier.

Ich bin so GMX, komm, lass uns den eh schon fast toten Postboten töten.

Internet-Männer haben keine Gefühle. Internet-Männer haben Smileys.

Und ich bin so up to date, ich weiß natürlich, dass es längst nicht mehr Smileys heißt, sondern Emoticons. Ich kann sogar das Papst-Emoticon: +<:-). Ich hab nur die

Mail noch nicht geschrieben, in der ich das verwenden könnte. Aber eines Tages …!
Ich bin so online, ich sage euch, die Realität ist überbewertet. Was ich an der Wirklichkeit bewundere, sind höchstens die hohe Auflösung und die Farbtiefe.
Was benutzt dieser Gott-Typ für eine Grafikkarte? Echt krass.
Ich bin ganz heftig online! Yeah!
Und ihr?
Wer von euch hat keinen MP3-Player?
Wer hat keine Digitalkamera?
Wer weiß jemanden, der*die keine E-Mail-Adresse hat?
Wer weiß jemanden, der*die nur eine E-Mail-Adresse hat?
Wer kennt jemanden, der*die noch nie ein illegal runtergeladenes Lied gehört und noch nie einen raubkopierten Film gesehen hat?
Wer hat sich noch nie selbst gegoogelt?
Wer hat schon mal eine*n Freund*in an ein Online-Spiel verloren?
Wer war noch nie in einem Internetcafé?
Wer hätte diesen Text vor zwanzig Jahren schon verstanden?
Wer hätte diesen Text vor zehn Jahren schon verstanden?
Wer versteht diesen Text heute?

George Orwell hat einmal geschrieben: »Wer verstehen will, wie sehr Maschinen unseren Alltag bestimmen, der möge sich jetzt sofort einmal umschauen.«
Er schrieb dies 1932.
Heute ist 1984.
Ich bin online. Sonst nichts.

Angeleint sein
2014

Fehlermeldung
Klick
Früher hab ich alles weggeklickt
Jetzt möchte ich doch einen Problembericht senden
Klick
Vor langer Zeit habe ich mal einen Text über das Internet
geschrieben
Der hieß »Online sein«
Anfang 2007 war das
Das ist in Internetzeit gerechnet
Hundertzwanzig Jahre her
Klick

»Online sein« versteht heute kein Mensch mehr
Da kommt kein Facebook drin vor, kein Smartphone und
kein Twitter
Dafür aber StudiVZ und Myspace
Damals bog sich das Publikum vor Lachen
Weil ich »LOL« sagte
Wenn ich heute »nice«, »YOLO«, »SWAG« oder
»geilon« sage
Lacht man mich aus
Tschuldi, Trainer

Warum ist ein 34-Jähriger auch im Internet?
Ist mein Grammophon kaputt, oder was?
Klick

Mein Text ist so alt, der kommt mittlerweile im
Deutschunterricht vor
Auf hausaufgaben.de fand ich eine vierseitige
Interpretation
Aus der auch ich noch viel über den Text gelernt habe
Lehrkräfte zeigen den Text als YouTube-Video
Ich weiß das, denn die Kids hinterlassen Kommentare
Auch daraus habe ich viel gelernt – über mich
z. B., dass ich schwul und behindert bin
Klick

Hauptsächlich geht es in den Kommentaren aber um das
Ende des Textes
Das geht so:
»Goerge Orwell hat einmal gesagt:
›Wer verstehen will, wie sehr Maschinen unseren Alltag
bestimmen
Der möge sich einfach mal umschauen.‹
Er schrieb dies 1937
Heute ist 1984
Ich bin online
Sonst nichts«

Da fragen sich die Kids natürlich:
»Warum sagt der Opfer, dass es 1984 ist? Den stimmt gar
nicht! Ich hasse dem!«
Klick

Aber ich frage mich, ob das Ende des Textes vielleicht die
einzige Stelle ist
Die an Aktualität noch zugenommen hat

Denn in George Orwells Buch »1984«
Herrscht eine undurchschaubare Regierung
Durch künstlich hochgehaltene Angst vor einer Terror-
Organisation
Rechtfertigt diese Regierung umfassende Überwachung
Sie predigt: »Unwissenheit ist Stärke«
Die Erwägung von Widerstand ist ein
Gedankenverbrechen
Man überwacht permanent alle Bürger*innen durch ein
Gerät
Das einen Bildschirm hat und eine Kamera
Dieses Gerät ist immer dabei und überall an
Und alle liefern dadurch freiwillig ihr Privatleben
Kommt euch das bekannt vor?
Klick

Manchmal ist mir
Als ob jemand das Buch als Anleitung fehlinterpretiert hat
Als ob jemand soziale Netze ausgeworfen hat – und wir
sind die Fische
Als ob jemand versucht, uns durch »Dschungelcamp«
und »Mitten im Leben« auf Klötzchenlevel
zurückzuverdummen
»Ich kenne alle Pokémon auswendig, treff aber beim
Kacken die Schüssel nicht!« – Super
Klick

Manchmal ist mir
Als ob diejenigen, die Widerstand leisten, zur Strafe in
den Transitbereich des Moskauer Flughafens eingesperrt
werden
Und zwar ohne Münzen für den Schokoriegelautomat
Als ob irgendwer tatsächlich der große Bruder werden
will, der uns alle kontrolliert
Was weiß ich, wer?:

Die Freimaurer*innen, Bilderberger*innen,
Illuminat*innen, NSA, CIA, KFC, BND, MFG, die Queen,
der Vatikan, die Rothschilds, die Templer*innen, Justin
Bieber, Assassin*innen, New World Order, Chemtrails,
Weltraumnazis, Angela Merkel, die allwissende
Schildkröte, das fliegende Spaghettimonster, was weiß
ich?
Klick

Das klingt alles super
Vor allem, wenn man ein Hauptexportprodukt der
Niederlande geraucht hat
Käse
Denn die Verschwörungstheorie ist Religion für
Atheist*innen
An irgendwas muss man ja glauben
Klick

Freund*innen des Mysteriösen
Beschwörer*innen des Bösen
Lasst mich nervöse Verspannungen lösen
Es gibt kein Mastermind mit Masterplan
Nur Marktschreier*innen mit schiefem Blick auf
Mastercards
An ihren Leinen ein allwissender Algorithmus
Der dich, deinen Freund*innenkreis und deine Interessen
berechnet
Fun fact: Wer Sebastian 23 auf Facebook likt
Dem*Der wird die Seite von Peer Steinbrück empfohlen
True story
Klick

Na klar: Alle machen irgendwas mit Medien
Nämlich zugucken
Aber dahinter steht nicht der große Bruder
Sondern der kleinste gemeinsame Nenner
Der Mensch will sein und haben
Wir wollen alle alles kaufen können
Jede*r jede*n kennen können
Alles über alles wissen können
Alles erreichen können
Ohne vom Sofa aufzustehen
Und in HD

Heute ist 2019
Die Erwägung von Widerstand ist kein
Gedankenverbrechen
Sondern ein Facebook-Kommentar
Widerstand ist swaglos
Es gibt keinen Gefällt-mir-nicht-Button
Dafür gibt es die Revolution jetzt als App
Lad dir Che Guevara aufs Smartphone
Und irgendwann macht es vielleicht
Klick

Wenn dann, wann denn?

2016

»Eins verstehe ich nicht: Wieso beschweren sich eigentlich so viele, dass der Islam der Untergang des Abendlandes sei? Und das, während zeitgleich wegen des Klimawandels der Meeresspegel kontinuierlich steigt! Das ist doch unlogisch! Andererseits erinnert es mich immer an den alten Witz davon, dass jemand im Urlaub merkt, dass er vergessen hat, den Herd auszumachen. Der macht sich natürlich voll die Sorgen, dass ihm die Bude abfackelt. Dann lächelt er plötzlich, weil gar nichts passieren kann – er hat nämlich auch vergessen, den Wasserhahn auszudrehen. Logisch, oder?«

Jasmin sah mich einen Moment lang irritiert an, dann fing sie sich und sagte: »Hallo. Du musst Sebastian sein.«

Ich hatte das Gefühl, vielleicht etwas intensiv in unser erstes Date eingestiegen zu sein. Dates sind eigentlich nicht meine Stärke. Aber diesmal wollte ich alles richtig machen und von Anfang an meine Stärken ausspielen. Und meine größte Stärke war Logik. Meine zweitgrößte (und einzige andere) Stärke war es, dass ich eine Nordhäuser Bockwurst durch das linke Nasenloch essen konnte. Aber mir war klar, dass ich damit bei einem ersten Date nicht punkten würde. Jedenfalls hatte mein Mitbewohner Marius mir sanft, aber sorgfältig davon abgeraten. Er sagte: »Nein.«

Logik jedoch, das würde laufen, da war ich mir sicher. Auch wenn ich das nicht beweisen konnte. Immerhin konnte man sagen, dass mir die Leute oft eine Weile lang zuhörten und dann sagten: »Logisch.«

Auf diese Karte musste ich setzen. Jetzt umso mehr, da Jasmin offensichtlich einen schrägen ersten Eindruck von mir gekriegt hatte. Ich atmete also tief ein, nahm vorsichtig ihre Hand, sah ihr gerade in die Augen und sagte: »Wenn A gleich B und B gleich C, dann A gleich C.«

Jasmin hielt meinem Blick stand, legte dann den Kopf etwas schief, als suche sie etwas in meinem Gesicht. Dann sagte sie langsam: »Logisch.«

Da war mir sofort klar: Sie konnte mir nicht widerstehen. Sie war meinem animalischen Magnetismus verfallen, hatte in Anbetracht meiner brettharten Schlussfolgerungen sämtlichen Anstand über die Reling geschubst und war paarungsbereit. Sie sah mich mit gespielter Verwirrung an, doch innerlich hatte sie ihren Schlüpper schon ausgezogen.

So leicht wollte ich es ihr aber auch nicht machen. Darum setzte ich erneut an: »Wenn A gleich B und B gleich C – dann ist dein Alphabet kaputt.«

»Wie bitte?«, fragte Jasmin vorsichtig.

»Na klar«, antwortete ich, »wenn das alles vertauscht wäre, das wäre voll kaputt. Hör doch mal:

Aus Amen würde Bemen
Aus Bremen würde Cremen
Aus Art würde Bert
Aus dem Trunkenbold ein Trunkencolt
Aus Allah würde Bela B
Und aus der alten Punkerweisheit ›All cops are bastards‹
Würde ›Belly-Bob, der Bärenkastrat‹!«

Jasmin und ich sahen uns fest in die Augen und hatten bereits jetzt etwas gemeinsam: Wir waren beide beeindruckt von meiner Logik. Ich war aber auch on fire heute! Wie ab er geht! Wie drauf er ist! Jasmin war sprachlos.

Jetzt galt es, den Sack zuzumachen, den Deal einzutüten und die Tapete auszurollen. Also holte ich ein letztes Mal tief Luft und hob an: »Wenn ein Einbeiniger einem anderen Einbeinigen ein Bein stellt, fallen beide hin.«

Jasmin musterte mich von oben bis unten. Dann drehte sie sich um und ging weg.

»Warte!«, rief ich.

Sie hielt inne und drehte sich noch einmal zu mir um.

»Entschuldige bitte«, erklärte ich, »ich bin viel zu aufgeregt und deswegen bin ich mit der ganzen Logik wohl etwas über das Ziel hinausgeschossen.«

Jasmin nickte langsam und ich meinte, ein schmales Lächeln zu erkennen. Dann holte ich aus der Innentasche meines Mantels meinen Trumpf hervor. Eine Nordhäuser Bockwurst.

Reiche Linke
2022

Ich will mit meinem Reichtum nicht jedem Zottel aushelfen
Doch Teilen ist mir wichtig, drum vermiete ich
Doppelhaushälften
Bettelt ihr um Kleingeld, so bin ich mit euch, interessiert
Erkläre euch dann kostenlos, wie man in Bitcoin investiert

Für jede meiner Flugzeugreisen in einen fernen
Tropentraum
Pflanz ich daheim im Garten einen neuen großen Baum
Im nächsten Winter fäll ich den und mache Brennholz draus
So geht diese Nachhaltigkeit, da kenne ich mich aus

Eins jedoch ist übertrieben: der Fridays-for-Future-Quark
Ich kauf die Auberginen doch schon im Biosupermarkt
Sehe ich mal ein Lastenrad, dann hupe ich sehr hektisch
Mein SUV ist eh besser, der ist zufällig elektrisch

Skeptisch bin ich eher
Wenn man Grenzen öffnen will
Doch wenn Fremde günstig fleißig sind
Bin ich künftig einzig chill
Die FDP gilt jetzt als links? Da mach ich mit, na klar:
»Autonom mit Porsche da: BWL und Antifa!«

Schiefer Stimmen
2021

Denk ich ans Internet bei Nacht
Bin ich um den Schlaf gebracht
Starte statisch starrend den Bildschirm
Doch es bleibt finster im Fenster
Facebook bleibt still und auf Insta Gespenster
Statt Influencer
Also kann ich nicht posten, früher hätt's nicht gestört
Doch Kunst kommt von Content – und der gehört gehört
Ich kann nicht, ich schaff's nicht, die Info muss raus
Wo posaune ich nur meine Meinung hinaus?

Stell mich auf den Balkon und brüll es in die Nacht:
»Wer von euch hat gerade an mich gedacht?
Wer von euch schenkt mir einen ganz frischen Like?«
Der Nachbar schreit zurück: »Kumma auf'n Tacho, du
suchst wohl nach Streit!«
Ich kann nicht, ich schaff's nicht, die Info muss raus
Wo posaune ich nur meine Meinung hinaus?

Weil mich halt Emotionen übermannten
Renn ich auf die Straße, ergreife Passanten
Die haben gleich Angst, ich will so ne Umfragensache
Ich versichere, dass ich es umgekehrt mache
Das kommt ihnen vielleicht spanisch vor

Doch für mich wäre es Gold, wären sie ganz Ohr
Dennoch rennen die Leute weg
Ich hab wohl heute Pech
Ich kann nicht, ich schaff's nicht, die Info muss raus
Wo posaune ich nur meine Meinung hinaus?

Da, ein Hydrant, des Dichtenden ältester Feind
Weil sich auf den Typen so seltsam nichts reimt
Nun kann er nicht weg, ist hier fest verschraubt
Ob er wohl als Hörer für die Geschwätzigkeit taugt?
Doch was bin ich nur für ein gebeutelter Tropf
Der Hydrant, der Hydrant, er schüttelt den Kopf
Ich kann nicht, ich schaff's nicht, die Info muss raus
Wo posaunt ihr denn nur eure Meinung hinaus?

»Seid ihr mit euch im Klaren?
Was wir neulich noch geleugnet haben
Die Leute sagen's heutzutage in Leuchtbuchstaben
Sie scheuchen den Schwarm
Mit neueren Farben ein Zeugnis zu malen
Vom gesäuberten Rahmen vergeudeter Tage
Häufig zu prahlen mit häuslichen Qualen –
Das brauch ich euch nicht zu sagen

Wir schreien das Schweigen in die eigene Leere
Beweisen den Lai*innen das Leichte der Schwere
Beschreiben das Leiden als heimliche Ehre
Reihen uns ein in die heilende Herde
Als ob ich Begreifen vermehre, wenn ich Zeichen verzehre
Verschenken das Denken, als wenn Weihnachten wäre
Inmitten von Dritten – einsame Erde

So schön tanzt ein Post als Flaschenpost
Auf gischtweißen Wellen
Funkelt im Dunkeln und an lichtheißen Stellen

Denn hier kann man gut seine Sichtweisen bellen
Und bleibt meine Meinung
Zu meinem Entsetzen von kleinem Interesse
Beginne ich nach meinem freien Ermessen
Unter sonderbaren Kommentaren
Mich mit peinlichen Heinis zu stressen
Die erste Regel im Facebook-Fightclub:
Wir zeigen keinerlei Schwächen in eigenen Texten
Haben beide leider vergessen:
Wir haben Kreide gefressen
Schreiben hart in den Zeilen und Sätzen
Aber leicht zu zerbrechen
Sie stehen auf Schiefer
Wie immer – nur schiefer
Hätte ich geschwiegen, wäre ich Philosoph geblieben

Ich mein, alles easy, ist ja nicht immer schlecht
Wir bummeln im Internet!
Als ob ich Hummeln im Hintern hätt'!
Mit grummelndem Winterspeck
Wir schummeln die Kinder weg
Doch pumpen nicht minder Dreck
Durch Tunnel in ihr Versteck
Ich bestell mir die Welt, für fast gar kein Geld
Wird mir sämtliches Glück in mein Heim DHL-t
Doch hier wie im Leben heißt es Nehmen und Geben
Also wird rezensiert, um vom Reden zu reden
Und bei Nacht regnen auf uns die Sterne nieder
3/5 Punkten, gerne wieder«

Was für 'ne Ansage, lobe ich den Hydranten!
Ich glaub, ich hab das Problem jetzt wirklich verstanden
Und so viele Reime muss man auch erst mal landen
Das bringt mich auf einen anderen Gedanken

Ich kann es, ich schaff es, jetzt hab ich es raus
Ich posaune halt hier meine Meinung hinaus
Applaus

Die Kunst, zu stören

2022

Wen einmal die Muse küsste
Stellt das Museum an die Wand
Von den Bergen bis zur Küste
Hängt inzwischen allerhand

Kunst in großes Gold gerahmt
Was der Mensch erschaffen kann
Hier wird es von uns erahnt
Hier staunen wir es raunend an

Aktivist und Aktivistin
Kommen nun als kleine Gruppe
In der Manteltasche ist drin
Gänzlich rot: Tomatensuppe

Der Van Gogh ist schon ganz Ohr
Als er ihre Schritte hört
Und schon stehen sie davor
Zack, nun wird die Kunst gestört

Suppe auf ein Bild zu werfen
Geht indes den meisten hier
Ganz gehörig auf die Nerven:
»Klimaschutz – den lob ich mir

Aber bitte nur gesittet
Bleibt dabei doch stets im Rahmen
Zu dem Knigge uns verpflichtet
Esst halt Tofu, danke, Amen!«

Doch das wahre Großverbrechen
An den Menschen, an der Welt
Darüber will niemand sprechen
Weil uns das viel schwerer fällt

Da kann man nicht Finger zeigen
Und mit Aktivisten schimpfen
»Werft zu Boden, diese beiden!«
Dabei gekonnt die Nase rümpfen

Lobbyisten und Konzerne
Hand in Hand mit Politik
Hören das Geschimpfe gerne
So gerät doch aus dem Blick

Wie sie den Planeten roden
Atemluft in Smog verwandeln
Schätze rauben aus dem Boden
Und mit Lebensmitteln handeln

Solange sie die Welt zerstören
Als würde sie nicht uns gehören
Wie schlimm sind im Vergleich die Gören
Und ihre Kunst, die Kunst zu stören?

Tiefer als der Tag gedacht

Da

2008

Wenn man ausschweift und aufschreibt
Was bleibt
Wenn sich der Rausch neigt
Der Bauch schreit
Der Kopf ausweicht und sich ausschweigt
Aber ein Blick in den Ausblick des Spiegels auch reicht
Weil er aufweist, wie sauweit
Man es getrieben hat

War man eben noch lediglich das Leben und Lieben satt
Und ist jetzt dank Trank ganz krank vom Sinn
Morgengrauen mittendrin und ich bin ohne her und hin
Weil ich hin bin und nicht mehr Herr der Lage

Oh, am Anfang solcher Tage stand die viel zu große Frage
Warum sich in mein Sein nicht mal ein Nein einschleicht
Das die Schranken einweist
Denn das Seichtsein ist leicht
Doch es reicht mir nicht
Mich mir nichts, dir nichts zu entziehen
Fluchtinstinkte zu bedienen
Den Gedanken zu entfliehen
Diese Welt ist nur geliehen
Und die fetten Zinsen grinsen

Alle Weisheit für die Binsen
Soll man so sein Enden finden?
Kappt die Fäden, löst die Schnüre, die uns binden
Bin denn ich der Einzige hier
Der sich vollkommen verloren vorkommt?

Oder konntet ihr auch schon mal nicht schlafen
Wart wie Schiffe ohne Hafen
So wie Engel ohne Harfen
So wie Bäcker ohne Ofen
Ahnungslose Philosophen
Um am Ende aller Strophen
Hilflos den Refrain zu suchen
Oder wenigstens die Bridge?

Die Harmonie arbeitet im Akkord
Gesetze setzen sich fort
Wo der Anstand Anklang fand
Übte ich Handstand
Denn meine Welt stand Kopf
Upside down hielt mich kein Zaun im Zaum

Ich ging weit und zog den Zahn der Zeit
War bereit für die Wahrheit
Doch sie blieb aus
Trotz Bitten, Flehen und Beten
Kam der Berg nicht zum Propheten
Denn die Berge versetzen den Glauben
Nicht andersrum
Ich fand das zu dumm
Doch kam nicht drum rum, zuzugeben

So ist es eben und so bleibt es auch
Also schreibt es auf
Jede Wand

Die Fragen treffen uns und den Verstand
Unvorbereitet

Man soll den Schlag nicht vor dem Magen loben
Ich war eben noch oben
Doch hab mich unten
Wiedergefunden

Bin denn ich der Einzige hier
Der sich vollkommen verloren vorkommt
Oder kommt es vor
Dass ihr den Komfort des Vorgekauten
Hinterfragt
Und unverzagt den Wind ertragt
Wie ein Kind im Internat
Auch wenn an euch der Winter nagt
Die Kälte zur Kante geballt?

Mir war kalt
Ich suchte Wärme im Lärm und schwärmte aus
Wie Motten im Lampenladen
Und man lernt nie aus
Und es hört nie auf
Und das stört mich auch

Ich suchte Wärme in warmen Armen
Doch es erbarmten sich die falschen Namen
Nahmen mich, umwarben und warfen mich aus ihrem
Rahmen
Gaben viel, aber vor allem keine Antworten auf meine
Fragen

Ich glaube also
Jetzt kommt keine halbgare Auflösung

Wie:
Am Ende lag die Antwort in mir
Oder:
Nutze den Tag
Oder:
Die Liebe wird dein Frieden sein
Oder:
Am Ende lag die Antwort in mir
Oder:
Wiederholung vertieft

Ich kann das alles nicht mehr hören
Die Fragen bleiben

Liebe Philosoph*innen
Wenn man 2 500 Jahre nachgedacht hat
Darf man zugeben
Man kriegt das Rätsel nicht gelöst
Die Fragen bleiben

Ich bin einfach so
Ich bin so einfach
Ihr seid einfach
Wir sind einfach
Da

Rapide Rapante

2007

Ich befinde mich permanent in einem Zustand größtmöglicher Entspannung. Vollkommen ausgeglichen ruhe ich in meinem eigenen Mittelpunkt wie eine Sonne, um die herum sanftmütige Gedanken zirkulieren wie Planeten auf Wolken aus metaphysischem Zucker und Zimt.

Selbst der Einfall mongolischer Killerhorden mit kampfbereiten Krummsäbeln und wilder Entschlossenheit als Gesichtsverzierung könnte mir kaum mehr entlocken als ein müdes »Hallo erst mal«.

Als menschgewordene Hängematte in Mittelstellung genieße ich mein Dasein und bin so locker wie die Stahlträger im Berliner Hauptbahnhof: Ich lasse mich (heideggermäßig-) seinsergeben fallen und lande in der wunderweichen Watte meiner Umwelt.

Im Jugendsprachelexikon ist neben dem Ausdruck »oberchillig« ein Foto von … einem südamerikanischen Faultier abgebildet. Doch im südamerikanischen Faultierlexikon findet man neben dem Ausdruck »oberchillig« ein Bild von mir.

Ganz Sebastian ist relaxed. Ganz Sebastian? Nein, eine kleine Möglichkeit leistet erbitterten Widerstand. Ein Zaubertrank, gebraut nach den Regeln affenalter Meister, ist in der Lage, aus weiß schwarz zu machen, aus oben unten und aus »und« »oder«.

Angebaut in den Hügeln Kolumbiens oder in den jamaikanischen Blue Mountains, verschifft in die Regale mitteleuropäischer Supermärkte, gemahlen von den Killermächten des Kapitalismus und aufgekocht von Heerscharen williger Praktikant*innen. Das Elexier ex celsis, das flüssige El Dorado, das Ambrosia für die Mittelschicht: Kaffee. Kaffee, Kaffee, K A F F E E, mein Schatz.

Um es gleich vorwegzunehmen: Ich bin nicht koffeinsüchtig wie andere Dichter, z. B. Honoré de Balzac aus Paris oder Micha-EL Göhre aus Bielefeld. Im Gegenteil: Ich darf keinen Kaffee!

Denn wenn ich Kaffee trinke, dann schnellt mein Puls in unermessliche Weiten, ich bekomme Pupillen wie Fliegerbrillen und Halsschlagadern wie Pipelines durch die sibirischen Steppe.

Wenn ich Kaffee trinke, wird meine Atemfrequenz schneller als der Flügelschlag eines hyperaktiven Kolibris auf Koks.

Wenn ich Kaffee trinke, klingt Vogelgezwitscher für mich wie Walgesänge.

Ein weiser Mann sprach einmal, nach seiner Meinung gefragt: »Ich kann gar nicht so viel essen, wie ich kotzen möchte. Wenn ich Kaffee trinke, dann kann ich gar nicht so viel denken, wie ich reden möchte.«

Wenn ich Kaffee trinke, tanze ich Samba zum Rhythmus eines Ford-V8-Motors bei 8 000 Umdrehungen in der Minute, während eine Handvoll gaskranker Mafiosi mich mit Maschinengewehren beschießt – und langweile mich dabei.

Wenn ich Kaffee trinke, durchschwimme ich mit einem entspannten Lächeln den Ärmelkanal, ohne dabei nass zu werden. Wenn ich Kaffee trinke, male ich Daumenkinos in Echtzeit.

Wenn ich Kaffee trinke, ist die Lichtgeschwindigkeit für mich so viel Beschränkung wie die Tempo-30-Zone in Oer-Erkenschwieck für eine Transkontinentalrakete.

Alle Windräder Österreichs erzeugen im Jahr so viel Energie wie ein Quadratzentimeter Sonne in einer Sekunde. Wenn ich Kaffee trinke, erzeuge ich in einer Sekunde mehr Energie als alle Windräder Europas
plus die Atomkraftwerke
plus die Kohlekraftwerke
plus sämtliche Verbrennungsmotoren der Welt
plus die Sonne
in einem Jahrhundert erzeugen könnten!

Wenn ich Kaffee trinke, neige ich nicht zu Übertreibungen, Übertreibungen neigen sich zu mir!

Wenn ich Kaffee trinke, kann ich in einer Sekunde Kants »Kritik der reinen Vernunft« lesen, in meinem Kopf in 80 Sprachen übersetzen, die ich vorher überhaupt noch gar nicht konnte, und alles wieder vergessen.

Wenn ich Kaffee trinke, sortiere ich alle Bücher in meinem Regal erst nach Erscheinungsjahr, dann wieder alphabetisch, dann nach Größe, dann verbrenne ich alle, entstaube das Regal, schraube es auseinander und spiegelverkehrt wieder zusammen, stricke 2 000 Pullover, die ich bei Ebay versteigere, und kaufe mir von dem Geld alle Bücher neu.

Wenn ich Kaffee trinke, bin ich auf Draht wie Gitarrist*innenfinger, bin unter Dampf wie heißes Wasser, gehe steil wie Gämse, dreh ab wie Filmteams und bin drauf wie Schaum.

Wenn ich Kaffee getrunken hätte, könnte ich euch allen mit einem halbausgetrockneten Edding ein Karomuster aufs Gesicht malen, euch mit meiner Zunge sauberlecken und wieder hier auf der Bühne stehen und »Fertig!« rufen, bevor ihr etwas gemerkt habt.

Fertig.

Danke.

Ukiyo

jap., etwa: die schwebende, fließende Welt,
losgelöst von den Sorgen des Lebens – 2018

Jeden Morgen dieser Fluss
Frühstück und Routinekuss
Dann bin ich wieder Sisyphus
Im immergleichen Linienbus
Jahrelang läuft dieser Stuss
Im Loop und ohne Widerspruch
Alltag wird zum Tinnitus
Burn-Out schickt 'nen Liebesgruß
Wann mach ich mit ihnen Schluss
Weil ich weg von diesen Schienen muss
Wann kommt der verdiente Bruch
Raus aus der Maschinenlust?

Man will mich wieder auf die Gleise locken
Doch in der Ferne hör ich leise Glocken
Und ihr Läuten
Soll bedeuten:
Halt dir das Ende deiner Reise offen

Lauf nicht nur an der Wand entlang
Von links nach rechts wie Jump 'n' Run

Schau dir Rilkes Panther an
Ich leb lieber wie Rantanplan
Ganz entspannt statt kranker Mann
Dem Ende zu von Anfang an
Statt Hamsterrad mal Achterbahn
Ob verkatert im gekaperten Karawan nach Amsterdam
Oder Bahncardfahrt über Alpenpass und Balkanstaat
Für Baklava in Ankara am Straßenrand
Ich lass die Schwermut fallen wie Bleibeschichtung
Vergess die immer gleiche Richtung
Mach mich leicht wie Zeichen einer seichten Dichtung
Ich trete fest auf und schleiche nicht rum
Dreh mich um und ich erreich die Lichtung

Man will mich wieder auf die Gleise locken
Doch in der Ferne hör ich leise Glocken
Und ihr Läuten
Soll bedeuten:
Halt dir das Ende deiner Reise offen

Auf Augenhöhe mit den Dingen so wie Gegenstände
Wenn ich gegen Redewendungen die Rede wende
Klopf auf den Holzkopf, offen für jedes Ende
Und alle Anfänge, je nach gegebener Lebenslänge
Überspringe ich eben allzu strenge Stränge
Sprenge enge Gänge, dränge Zwänge weg
In den Augenwinkeln hing schon eine Menge Dreck
Wie Scheuklappen, die ich endlich ableg, ich
Weiß, das klingt jetzt erstmal etwas abwegig
Doch
Lieber ganz bescheuert
Als Angstgesteuert

Man will mich wieder auf die Gleise locken
Doch in der Ferne hör ich leise Glocken

Und ihr Läuten
Soll bedeuten:
Lass uns einfach mal die Scheiße rocken

Ich zahl bei jedem Kauf mit zu teuren Währungen
Und mein Lebenslauf klingt wie Steuererklärungen
Manche streben auch nach euren Ehrungen
Andre geben auf bei neuen Belehrungen
Ich geh nicht drauf auf den Alltagsleim
Will kein Pilger auf einer Wallfahrt sein
In Richtung Halbwahrheit mit Haltbarkeit
Wie die Halbwertszeit von Zuckerwatte im Regen
Doch das waren jetzt genug ermattende Reden

Ich
Hab das Erklären satt
Talfahrt ist ehrenhaft
Vollgas den Berg hinab
Abwärts ins Herz der Stadt
Vorwärts mit Terz im Takt
Flüssiges Kerzenwachs
Glüht wie am ersten Tag
Brennt bis zum Herzinfarkt
Jede Faser meines Körpers spannt sich wie Gitarrensaiten
Die Ekstase meiner Wörter referiert Gemeinsamkeiten
Dieser Phase unerhörter transkribierter Reimeinheiten
Mit Oasen unzerstörter anvisierter Zeitfreiheiten
Und man braucht nicht jede Zeile groß zu raffen
Denn am Ende geht es nur darum, loszulassen
Und
Alles fließt wie Heraklit
Ist so leicht wie C'est la vie
Ist gesund wie Sellerie
Und am Meer wie Tel Aviv

Es lösen sich die Fesseln
Und die Kellertür steht offen
Die Wolken zieh'n nach Westen
Und die Sonne kommt geflossen
Ich gebe statt zu stressen und ich nehme statt zu hoffen
Ich lebe statt zu hetzen und ich atme statt zu kotzen

Man will mich wieder auf die Gleise locken
Und nicht nur mich, auch ihr seid betroffen
Weil wir alle in der gleichen Scheiße hocken
Und es ist schon zu viel Zeit verflossen
Im Neonlärmterminkalender unsre Köpfe eingeschlossen
Doch haltet eure Ohren beide offen
Denn in der Ferne
In der Ferne hör ich leise Glocken

Menschen sind werdender Biomüll
2009

Es war einmal ein recht gewöhnlicher Morgen. Die klaren Strahlen der frühen Sonne fielen weich durch das Fenster des Herrn Bürgermeisters und er dachte: Das fängt ja gut an.

Auf seinem Schreibtisch stand ein großer Kübel recht gewöhnlicher Nüsse – denn der Bürgermeister mochte recht gewöhnliche Dinge sehr gerne. Doch dieser Tag sollte so ungewöhnlich werden, dass es weit jenseits seiner Vorstellungskraft lag.

Er ahnte jedenfalls nichts, als er sich gerade seine erste Tasse Kaffee eingoss und das Telefon klingelte …

»Moin, moin, hier ist das Büro des Herrn Bürgermeisters, der Herr Bürgermeister persönlich am Apparat himself!«

»Hallo. Hier spricht der Wald«, sagte eine tiefe Stimme.

»Ach«, entgegnete der Bürgermeister kühn.

»Ja. Ich wollte euch sagen, dass ihr zurückkommen könnt.«

»Ach«, sagte der Bürgermeister wieder. Und fügte dann hinzu: »Ach so.«

Dann war es einen Moment lang still, bevor der Bürgermeister fragte: »Wer ist da?«

»Der Wald.«

»Und was wollen Sie?«

»Bescheid sagen, dass ihr zurückkommen könnt.«

»Ach.«

Da das Gespräch rapider an Konstruktivität abnahm als jede Klimakonferenz, erklärte der Wald weiter: »Wir haben seit einiger Zeit Kundschafter*innen in euren neuen Lebensraum geschickt, die beobachten sollen, wie ihr in den Städten lebt. Vielleicht haben sie sogar mal eine*n dieser Kundschafter*innen gesehen. Die sehen aus wie Spatzen. Und das mit gutem Grund: Es sind Spatzen.« Wieder war es einen Moment lang still, dann fuhr der Forst fort: »Die Spatzen haben uns von den Dächern geflüstert, unter denen ihr euch vor der Sonne und dem Regen versteckt. Sie erzählten auch, dass ihr Steine stapelt und euch dahinter verschanzt. ›Häuser‹ nennt ihr das. Den Boden habt ihr mit einer Art getrocknetem Kot bestrichen und sagt dazu ›asphaltierte Straße‹. Und unter diesem ganzen Wahnsinn ist alles voller Rohre, durch die ihr eure Scheiße pumpt. Da haben wir Mitleid gekriegt und uns überlegt, dass ihr ja zurückkommen könnt. Zurück in den Wald.«

»Ach«, sagte der Herr Bürgermeister.

»Um euch den Einstieg zu erleichtern, haben wir versucht, euren Lebensraum mit unseren Mitteln nachzustellen. Es gibt hier jetzt Straßen aus Moos, Häuser aus Bäumen und als Ampeln haben wir Eulen eingesetzt.«

»Eulen als Ampeln?«, fragte der Herr Bürgermeister. »Wie soll das denn gehen?«

»Das wissen wir auch nicht. Aber es sieht cool aus. Und außerdem besteht keine Gefahr. Die Autos sind aus Laub und Vogelkot, wenn man damit zusammenstößt, kriegt man höchstens eine Beule. Na ja, und auf die Beule kann man sich ja einen Tannenzapfen kleben, dann sieht man es nicht mehr so, haben wir gedacht. Das wäre so unser Ersatz für eure Krankenkassen und Ärzte.«

»Allemal besser als unser System«, sagte der Herr Bürgermeister, mehr zu sich.

»Und weil es euch anscheinend gut gefällt, haben wir auch noch einen alten Baum ausgehöhlt. Da könnt ihr dann eure Scheiße durchpumpen.«

Der Herr Bürgermeister legte auf, er hatte genug gehört.

Bereits wenige Tage später war der Großteil der Menschen wieder in den Wald gezogen. Das Leben dort gefiel den Menschen, denn es unterschied sich nicht groß vom Leben in der Stadt, aber man musste nie die Fenster putzen. Und der Friseur arbeitete statt mit seiner Schere mit einem Stock. Das war schön. Nur der Herr Bürgermeister saß allein auf einem kleinen Felsen. Er grübelte und wunderte sich. Irgendwie war es hier so still …

Gar nicht so weit davon entfernt saß zeitgleich eine Gruppe Eichhörnchen kichernd im alten Büro des Bürgermeisters und machte sich über den großen Kübel recht gewöhnlicher Nüsse her. »Mmmh, lecker Nüsse«, sagte ihr Anführer mit tiefer Stimme …

Die Vermissung der Welt

2020

Ich mache eine Nachtwanderung
Kopfhörer
Die Musik ist noch da
Die Außenmauern der Gebäude
Groteske Kulissen
Die Schatten der Bäume reiben sich an den Fassaden
Wie das Schade am Schaden
Sie sind noch da
Ich bin noch da
Wo seid ihr alle?

Ich bin umfasst von einem Gefühl
Die Vermissung der Welt
In einer Fernbeziehung mit der gesamten Menschheit
Und es ist kompliziert
Ein Auslandssemester im Eigenheim
Samt Angst, dass man die Sprache verliert

Da ist ein Loch im Asphalt
In der Richtung, in die wir gehen wollten
In die unsere Augen wie Windmühlen rollten
Nun starren wir stumpf wie Steine
In den Abgrund
Wo es nicht mehr weitergeht

Weggespülte Hauptstraße
Keine Brücke mehr
Wir rannten und rannen
Sandmenschen
Im sorgenkrummen Rückspiegel ein Raubtiermaul
Zum stählernen Zahnrad aufgewickelt
Es zwang voran
Die Lefzen werden die ersten sein
Das Atmen der Uhren im Nacken
Und plötzlich
Schwerelosigkeit
Wird der Boden
Transparent und unberührbar
Das Pendel hängt in der Luft

Eine Nachtwanderung
Trotz in der Nase
Frühlingsblüten, Flügelschläge
Ein Fuß vor dem anderen
Stille drückt, Leere schwebt
Sterne starren mich an
Ich bleibe alle zehn Meter stehen, um einen Satz
aufzuschreiben
Doch
Ich bin damit nicht mal mehr sonderbar
Irgendwo übt ein Mensch Papier

Ist das nicht die seltsamste Zeit
Verneigt vor einem unsichtbaren Feind
Ein Jahrmarkt der Heikelkeiten
Volksvermummung
Massen hinter Masken
Ein Lächeln hinterm Mundschutz
Die neue Spießbürger*innenburka
Ein Karneval der Demut

Die Leiden der jungen Wärter*innen
Über die Alten
Luftpolsterfolie und Styroporkugeln

Die Sehnsucht nach einer Berührung ist so groß
Ich wünschte, jemand würde mir eine reinhauen
Nie waren die grinsenden Gesichter der Werbeplakate
absurder
So viele weiße Zähne
Aufgespannte Lippen
Bereit, abzuheben in eine andere Zeit
In der das hier versuchen könnte, Realität zu sein
Und kein Steinwurf am Ufer des Endes

In weiter Ferne lauter Licht
Laternen bellen das gelbe Gebiss einer vertrockneten
Sonne
Leuchten
Als ob die Kühlschranktür nicht zugefallen wäre
Wir sind allein mit der schwarzen Milch

Eine Nachtwanderung
Herzhörer
Oberflächlich waren meine Beziehungen
Profile im Schattenriss
Die Bäume reiben sich an den Fassaden
Ich bin noch da
Wo seid ihr?
Ich bleibe alle zehn Meter stehen und rufe nach euch
Doch
Ich bin damit nicht mal mehr sonderbar
Irgendwo übt ein Mensch Kapier'n

Ich will mich nicht beschweren
Alles wiegt schon genug
Und die Menschen
Ohne die ich auf der Stelle zu Asche zerfallen müsste
Die Leute, die ich wirklich liebe
Habe ich um mich
Ein Fuß hinter dem anderen
Wir sind noch da
Was fehlt, sind alle
Als wäre das nichts

Es dämmert uns
Ich kehre heim
Biege ab in meine Straße
An der Kreuzung fällt mein Blick
Fällt nach oben
Ein Kran reckt seinen Hals noch himmelwärts
Doch die rotweißen Zäune
Zahnfleisch und Zähne sind ausgeflogen
Die nervige Baustellenampel ist abgebaut
Kein Halten mehr
Ein Mensch fließt einfach so vorbei
Hätte nie gedacht
Dass die mal fertig werden

Am Rande bemerkt
2016

Ich habe mal meine Mitte gesucht
Und schnell gefunden

Das hat mir nicht gefallen
Also zog ich raus
Weit raus
Raus

Und ich kam
Zum Rand der Welt
Wo sich Engel über das Geländer lehnen
Und ins Jenseits spucken

Wenn du einen von ihnen
Nach Gott fragst
Dann lachen sie
Wie Piraten
»Harr, Harr!«
Augenklappen-Engel sind das
Links wie rechts

Keine Engel, die du kennst
Ohne Flügel und Farbe
Religion ist ihnen eine Glasperle
Maßgeschneidert für Ureinwohner
Mit zu viel Besitz

Sie destillieren lieber
In illegalen Brennereien
Momente aus Kerzenlicht
Und schenken sie in Schnapsgläsern aus
An alle Gäste
Die das flackernde Jetzt auf Ex trinken können

Die Gegenwart
Sagen sie
Ist alles, was uns bleibt
Seit Morgen der Fantasie gehört
Und ihre neidische Schwester Erinnerung
Sich das Gestern unter den Nagel gerissen hat

Seitdem stehen sie hier
An der Kante
Mit Händen wie Segel
Über der windstillen Endlosigkeit
Sie atmen
Das Gegenteil von Busfahrplänen
Und versuchen gar nicht erst, zu verstehen
Was das heißen soll

Wenn du einen von ihnen
Nach Sinn fragst
Dann lächeln sie
Wie Hüpfburgen lächeln würden
Und weben dir Zuckerwattezöpfe ins Haar
Bis dein Kopf Karussell fährt

Jahrmarkt-Engel sind das
Rundherum

Es sind keine Lichtwesen
Keine manifestierten Gebete aus Transparentpapier
Sie kleiden sich
In verworfene Ideen
Und vergessene Tagebucheinträge
Um nicht zu sagen
Sie tragen nichts
Außer einem Pfund Sorglosigkeit
So stehen sie hier
Am Rand der Welt

Wenn du sie fragst
Ob sie manchmal über die Kante
Hinausgehen wollen
Dann fragen sie
Wohin denn?

Klar
Klar kann man sich fallen lassen
Wie eine Münze in den Automaten
Aber es kommt doch nichts dabei raus
Außer kaltem Kaffee
Einem bereits entwerteten Fahrschein
Oder einer Schachtel Zigaretten

Es gibt gar kein Glück
Außerhalb dieser Scheibe
Und da ist es auch ganz egal
Dass es eigentlich eine Kugel ist

Heim ist ein Reim auf Reim
Sagen sie
Und dann lachen sie wieder
Komik-Engel sind das
Werfen Worte wie Lotblei ins Leere
Die alten Witzbolde

Machen auf ironisch
Und lachen einfach
In Anbetracht eines Universums
Das seit 17 Milliarden Jahren
In die Unendlichkeit explodiert
Größer ist
Als jeder Versuch einer Vorstellung
Und hauptsächlich gefüllt
Mit sogenannter dunkler Materie
Von der selbst die Klügsten nicht wissen
Was sie sein soll
Aber sie können beweisen
Es gibt sie
Aha
Alles voll mit Keine Ahnung
Da muss man wohl lachen

Um nicht den Verstand zu verlieren
Obwohl verlieren
Allemal besser ist
Als verloren sein
Verlieren ist allemal besser als verloren sein
Sagen sie

Ich bitte die Engel um einen Moment
Sie reichen mir ein Schnapsglas
Gefüllt mit Kartenhäusern
Ich stelle keine Fragen mehr auf

Denn im Einfallsreich ist das Kartenhaus König
Jetzt bin ich hier
Das bleibt immer wahr
Jetzt bin ich hier

Gutmenschenflirt
2019

Wir leben in einer Zeit, in der hunderttausend Menschen sich in Gruppen organisieren, die »Hubraum vor Future« heißen. Wie jede menschliche Aktivität ist auch dies ein elaboriertes Balzritual, das darin mündet, dass man sich gegenseitig damit zu beeindruckend versucht, hasserfüllte Kommentare gegen Kinder, die die Welt retten wollen, zu äußern. Gelingt es den Fossilien, das ölschwarze Herz des Gegenübers zu gewinnen, vereinbart man ein Treffen. Da spielen sie sich dann gegenseitig am pferdestarken Verbrennungsmotor rum, bis ihnen vor Geilheit das Benzin ins Gesicht spritzt. Diese Freude sei ihnen gegönnt, ebenso wie die Zigarette danach.

Ähnlich viel weiß man über die Vereinigung zweier Rechtsradikaler, die ebenfalls meist in Rudeln angetroffen werden. So sind z. B. die montäglichen Aufmärsche in Dresden ganz offensichtlich sexuell motiviert, ein einziger verdrehter Aufschrei der Lust des alten, weißen Mannes, der außer seinem »Merkel muss weg«-Schild nicht mehr viel hochkriegt. Ja, das mag jetzt gehässig klingen, aber eigentlich kann man es doch nur bewundern, wie zärtlich diese nach außen so harten Nazis sich nach innen verhalten. Man macht sich neckische Komplimente für selbstgebastelte Galgen, likt tausendfach die Kommentare der Geliebten und streichelt sich schließlich im Keller der lokalen AfD-Zentrale gegenseitig den erigierten rechten Arm.

Viel ist bekannt über das Paarungsverhalten der Arschlöcher, aber im Gegensatz dazu weiß die Wissenschaft so gut wie nichts über die Flirtmethoden der Gutmenschen. Wie kommen sich all diese Toleranzromantiker*innen, Genderwahnsinnigen und Ökofaschist*innen eigentlich näher? Und wie vermehren die sich – die Frage drängt sich auf, das werden ja auch nicht gerade weniger, wenn ich mal so auf so eine großangelegte »Fridays for Future«- oder »Seebrücken«-Demo schaue. Da will man schon wissen: Wo kommen diese ganzen kleinen Thunberge denn jetzt her, wen hat sich das Volk denn alles zusammengezeugt?

Lange gab es nur Mutmaßungen, so gingen einige Forschende davon aus, dass sich die Linken bei Vollmond im Schatten eines geschroteten Dinkelbrotes treffen und gemeinsam um einen brennenden SUV tanzen und sich um Mitternacht wahllos gegenseitig auf Rechtschreibfehler in Facebook-Posts hinweisen, bis alle schwanger sind oder syphilitisch oder am besten beides. Das stellte sich jedoch als Gerücht heraus, denn selbst Linke hassen Dinkel.

Also wagte ich ein Experiment mit einem kleinen Team von mutigen Forscher*innen, das ausschließlich aus mir selbst bestand und das ich trotzdem gerade gegendert habe. Ich stieg in die Höhle der linksgrünversifften Bahnhofsklatscher*innen und Teddywerfer*innen und wagte den Flirt an der veganen Käsetheke im Unverpackt-Bioladen. Ich hatte mich szenetypisch verkleidet, also einfach meine normalen Klamotten anbehalten, aber drei Wochen nicht geduscht und mich eine halbe Stunde im Schlamm des Hambacher Forsts gewälzt – fertig ist der stylische linksextreme Look. Dazu ein Blick in der Mitte von »besorgt um die Welt« und »beleidigt vom Witz im letzten Satz« und schon konnte es losgehen. Für wissenschaftliche Zwecke habe ich meine Feldforschung genau dokumentiert und gebe sie euch nun gerne weiter.

Ich hatte dort im Laden kaum sieben Stunden gewartet, der waldorfige Knöterichgeruch legte sich mittlerweile watteweich um jeden Gedanken, da nähert sich auch schon eine erste Person, die ich relativ klar einem Geschlecht zuordnen konnte. Es war ein männlicher Rauhaardackel. An der elastischen langen Leine geführt von einem ecuadorianischen Solidaritäts-Poncho und einer Wollmütze mit einem Dutzend Buttons, unter der ich irgendwo einen Menschen vermutete. Also versuchte ich mein Glück.

»Hallo, junge linke Person, mein Name ist Sebastian und ich bin dagegen, dass die Brent Spar im Atlantik versenkt wird.«

Der Poncho hielt inne und gleich einer Galapagos Schildkröte tauchte aus dem Panzer ein Kopf auf, zumindest halb. Die Augen und der obere Teil der Nase ragten aus dem Kragen hervor.

»Hallo, Sebastian. Ich bin eine junge linke Person und mein Name ist Johanna, aber meine Freund*innen nennen mich ›WEG MIT DEM – SCHWEINESYSTEM!‹ Du, danke, dass du mich angesprochen hast, ne. Ich wollte dir als konstruktive Kritik mit auf den Weg geben, dass der Protest gegen die Versenkung der Brent Spar sehr angemessen ist, aber vor etwa 25 Jahren aktuell war. No offense, aber kann es sein, dass du sehr, sehr alt bist? Soll jetzt kein Ageism sein, peace to all, love in the universe außer für Nazis, Hass auf alle Nationalstaaten außer Israel, halleluja, Berlin, Henning May, ich will ein Kind von dir, dreimal Soja, einmal Hafermilch, AfD-Verbot jetzt.«

Das leuchtete mir so weit ein.

»Sag mal, Johanna, wenn du meine offene Frage hoffentlich nicht als übergriffig verstehst, power to the people, equal rights and equal pay, aber warum kommst du denn mit dem Kopf nicht aus dem Kragen?«

»Meine Piercings haben sich in der Fairtrade-Alpaka-Schurwolle verfangen. Aber denk jetzt bitte nichts Falsches, denn die Wolle habe ich mit einem Ruderboot aus den Anden hierhergeholt, CO_2-neutral und DIY!«

»Ich möchte dir in aller Form danken, Johanna, das war ein super empowerndes Statement. So was wünscht man sich von der faschistischen Tofu-Schweine-Regierung auch mal. Und das meine ich verbal-vegan und gewaltlos kommuniziert. Kurze ergänzende Frage: Wann ist denn das mit dem Piercing passiert?«

»Vor vier Jahren.«

»Du steckst seit vier Jahren im Kragen dieses Pullovers fest?«

Sie sah mich kritisch an, ich fühlte, hier musste ich positiv nachsetzen.

»Johanna, entschuldige die Frage nach deinem Äußeren, ich respektiere dich als Person, du hast ein positiv ausgerichtetes Wertesystem, das ich zu schätzen gelernt habe. Darf ich dich auf ein Getränk einladen, das du selbst bezahlen kannst? Und meins auch, denn ich lebe ohne Bargeld. Smash capitalism! Sei selbst die Veränderung! Demeterhöfe! Die Farbe Grün im Allgemeinen weiß ich zu schätzen!«

Johanna lächelte mit den Augen. Im selben Moment biss mir ihr Dackel ins Bein.

»Hey Che, lass das doch bitte mal«, sagte Johanna gelassen, ohne an der Leine zu ziehen.

»Könnte ich dich dazu empowern, den Hund von meinem Bein zu holen?«, fragte ich höflich und schob nach: »Ich bin auch für kostenlosen ÖPNV und das bedingungslose Grundeinkommen!«

»Du, sorry, seit Che zuhause nur noch Broccoli kriegt, hält er manchmal Beine für Würstchen. Ich find's auch recht aggressiv, aber will mich letztlich nicht über die Grenzen meiner Spezies hinwegsetzen und dem Tier sagen, was es zu tun hat. Wir Menschen haben schon genug angerichtet auf dieser Welt, findest du nicht?«

»Ja klar, aber schau mal, jetzt ist das eine Bein schon ab und er beißt ins nächste. Habe ich nicht auch Rechte?«

»Du, Sebastian, sei nicht böse, aber du bist ein alter, weißer Mann und hast wirklich genug Privilegien genossen. Obendrauf schreibst du jetzt noch so einen Text hier, der sich über die linke Szene lustig macht. Als gäbe es keine anderen Probleme auf der Welt. Zwei Drittel der Reisproduktion des Kongos werden ins Ausland exportiert, während die heimische Bevölkerung Hunger leidet.«

»Das ist eine Satire«, wimmerte ich, während der Hund sich nach der Verspeisung meiner Beine nun an meinem Kopf zu schaffen machte. »Satire.«

»Sebastian, danke für deinen Input, wirklich. Aber die Zeit, zu lachen, ist vorbei.«

Und da hatte Johanna schon irgendwie auch recht.

Rezept für Jetzt

2018

Die Langeweile zieht
Gleich Gummibändern
Die ausleiern
Zwischen den Ohren
Minuten zu Stunden
Zu Tagen zu Wochen
Zu Mondmonaten
Zu Sonnenjahren

Drei!
Drei Jahre starrte ich
Auf die grauweißmatte Wartezimmerwattewand
Mir war, als ob ich in jedem Berg und Tal
Der Raufasertapete mit Blicken Schlitten fuhr
Drei Jahre saß ich in diesem
Dulldrögen, lochleeren Alpraum
Es waren wüstenschwere Jahre
Mein Hirn glich einer Rosine
Drei Jahre
So viel ist sicher
Auch wenn die Uhr behauptete
Es seien erst zwölf Minuten vergangen
Als ich gehen durfte

Als ich zu Hause war
Besann ich mich meiner Fähigkeiten
Kochte ich
Kochte ich mir
Ein Mittel
Gegen Mittelmäßigkeit
Für Mittellose
Ein Tonikum gegen Langeweile

Ohren auf
Mein Sohn
Hier ist mein Rezept

Teile
Deine Sorgen
In zwei Hälften
Schneide die Kerne heraus
Koche sie in entspannter Grundhaltung
Bis sie an die Oberfläche steigen
Und sich auflösen

Vermische
500 Gramm ungezuckerten Sonnenschein
Ein gerüttelt Scheffel grundloses Lächeln
Und einen Tropfen September-Schweiß
Unter dem ersten Wollpulli des Herbstes

Schreib es dir mit Fingerfarben
Auf die Füße
Regen ist eine gute Sache
Nicht nur für Regenschirmproduzent*innen

Umwickle
Einen jägerzaunlosen Tag
Mit Waldwegen, Gleisbetten und Autobahnen
Rühre gut abgehangene Planlosigkeit unter
Und eine Prise Egal-was-es-ist
Aber nur eine Prise
Es ist erst Mittag

Knete
Zwölf Himmelsrichtungen
Aus einem Kompass
Vermenge diesen mit guten Augen
Damit du siehst
Wohin die Reise gehen könnte
Und dann los

Mensch und Tier unterscheidet
Der Glaube
An die Möglichkeit der Dinge
Und glaube mir
Es geht von jedem Punkt in jede Richtung
Außer zurück

Wenn du nicht mehr weiterweißt
Denk an Kolumbus
Der hat Amerika entdeckt
Und es nicht einmal gemerkt
Es geht nicht immer um das Weiterwissen
Sondern um das Weitermachen
Zeig den gelehrten Expert*innen deine Rücklichter
Immer das Große wagen

Und
Drei Finger breit
Über dem Großen Wagen
Den Fixpunkt Nordstern finden
Und die Liebe daranhängen
Damit sie immer da ist

Baue
Ein Nest aus weißem Papier
Und fülle diesen Blätterteig mit Tinte
Streue Ideen drüber
Und einen frisch gepressten Blitz
Wiederhole die wichtigsten Sätze
Regen ist eine gute Sache
Immer das Große wagen

Stell dich
Mit Salamanderfüßen auf die warmen Dachziegel
Streck dich in den Wind aus Nordnordost
Love is in the air
Atme ein
Und finde raus
Warum es Lungenflügel heißt

Gleichzeitig
Eine Angst ausrollen
Mit dem Nudelholz Selbstbewusstsein
Formen ausstanzen
Mit Tautropfen beträufeln
Und über offener Flamme rösten

Gib alles, was du hast
Auf deine Zunge
Der Zuhörer sei deine Eieruhr
Wenn die Augen leuchten
Bist du durch

Wenn dir nichts mehr einfällt
Bau ein Kartenhaus
Und es wird nicht lange dauern
Bis dir wieder was einfällt

Und häng nicht in den Seilen
Solange du kein Räucherschinken bist
Geh mit der Sonne auf
Und lache der Nacht mit Scheinwerferaugen
Ins leere Gesicht

Das sind die Zutaten
Alles vermischen
Bis es gründlich zusammenhängt
Zuckerguss und Schokostreusel drüber

Und wenn du alles richtig gemacht hast
Dann werden Jahre zu Monaten
Zu Wochen
Zu Tagen
Zu Stunden
Zu Minuten
Zu Sekunden
Zu Jetzt
Zu Jetzt
Zuletzt
Zu Regen

Die Karte

2016

Ich hatte mal eine Landkarte
Darauf war nicht ein einziger Fluss eingezeichnet
Zuerst dachte ich
Es handele sich um eine wirklich trockene Gegend
Wüste womöglich
Aber es gab noch nicht mal eine Grenze
Meine Güte
Dachte ich
Eine endlose Einöde
Wie schrecklich
Das Ende allen Lebens
Hier wächst nichts mehr
Kein Wunder
Dass auch keine Straßen auf der Karte waren
Wer will da schon hin?
Es gab ja auch keine Städte
Keine Zeichen der Zivilisation
Nicht mal ein kärglicher verkümmerter Rest
Keine Spur
Die ein Mensch hinterlassen hätte
Alles ausgetilgt

Draußen dämmerte es
Abend oder Morgen
Ich saß da mit
Einer Karte ohne Flüsse
Ohne Straße
Ohne Vegetation
Ohne Städte

Wie peinlich
Es war nur ein leeres Blatt

Kirsche

2015

Kirschblütenblätter wachsen
Aus unseren Augenwinkeln hinaus
In das Fragezeichen einer Nacht

Tausend weiße Fragmente
Schwerelos schwebend
Wie das ungelöste Puzzle eines Schleiers

Der gelüftet wird

Dahinter liegt ein Tag
Der an uns hängt
Wie Tautropfen an Grashalmspitzen

In denen sich unsere Narben spiegeln

Während unsere Hände
Über die weichgrüne Wiese streichen

Wir sitzen auf Gestern
Wie auf einem Stein in der Mitte
Eines gischtspülenden Baches

Neigen uns dem Wasser zu
Uferlose Erwartung
In randvollen Herzen

In den Armen der Wellen
Aufgelöste Spiegelbilder

Forellen in der Strömung
Dein Haar im Wind
Glanz

Die Sonne als Ball
Auf unseren Seehundnasen

Augenaufschlag wie Austern
Als Ass im Ärmel

Dein Mund ist Pirat
Der im Gedankengarten einen Schatz vergräbt
In einer Kiste aus Sehnsucht

Lass uns verschlungenen Fingerpfaden folgen
In Wälder aus alten Bäumen

Atem und Uhren anhalten

Im selben Moment sein

Wolken an Fußsohlen
Handstand auf Gipfeln

Gekrönt sei das Haupt
Von der Luft
Zwischen Haaransatz und Erdboden

Wir tragen die Welt
Auf leichten Schultern

Worte wie Heißluftballons
Aus deren Körben wir
Auf die Gassen und Hütten
Der Stadt herabsehen

Oben und unten zu einem Teig verrührt
Zwei Körper
Im Kirschblütenofen
Gebacken

Schleier aus Musik

Die Nacht sinkt ins Meer
Ganz woanders

Davon träumt der Bergbach
Uns einen Reim
Wie sieben sinnlose Sinne

Wir
Im Steigflug
Verbinden die Punkte der Höhe
Zu einem Bild
Für eine Postkarte
Adressiert an den Mond

Das Wetter ist am Strand
Wir sind jeden Tag schön

Uns fehlt nur die Briefmarke
Und das zurecht

Dein Kuss bügelt Oma Alltag
Die Falten aus dem grauen Gesicht

Glück ist ein Wort
Das mehr sagt als tausend Bilder

Das alles ist passiert
Und wird und wird
Immer weiter

Schwermut und Wohlkraft
2015

Ich habe mir einen Tee gekocht
Aus den Kräutern
Die da wachsen
Am Ufer deiner Schwermut
Er liegt tief in seiner Tasse
Und brennt im Hals beim Trinken
Wie ein Tinnitus im Ohr

Wenn du mein Handgelenk umklammerst
Wird es beim Loslassen
Weiß wie die Blütenbündel des Traubenkirschenbaumes
Aber dir fallen nur die Knochen deiner Ahnen ein
Geschnitzt zu Schreibmaschinentasten
Ein Brief aus der Vergangenheit
Du tanzt im Takt
Aber ich höre ein anderes Lied

Du sagst
Du musst tief tauchen
Um den Grund zu erreichen
Denn Schatzkisten schweben nicht im Wasser
Sie verbergen sich zwischen Felsen und Muränen
Du musst ganz unten sein
Um Inspiration zu finden

Den Schmerz umarmen
Dein Leid leben
Den Tod atmen
Wie ein großes rotes Kreuz auf einer Landkarte
Dort ist die Kunst

Ich sage
So wird das nichts
Mit dir und dem Glück
Der Baum träumt vom Fliegen
Und der Vogel von Wurzeln
Die schönsten Stücke über Liebe
Schrieb nicht die Liebe
Sondern die Sehnsucht
Das unerfüllbare Verlangen
Ich reiche dir einen Becher mit Schokoladeneis
Schmeckt besser, als sich Beethoven anhört
Sage ich und spanne eine Wäscheleine
Zwischen meinen Mundwinkeln
Du siehst eine Chance
Dich aufzuhängen

Du sagst
Gott behüte
Dass ich einst wirklich glücklich wäre
Ich möchte eher tot umfallen
Als sorglos sein
Was sollte ich denn dann schreiben
Worüber singen
Was malen

Ich sage
Mal doch ein paar Sonnenblumen
Sing die Ode an die Freude
Schreibe einen Mittsommernachtstraum

Mein Herz ist dir eine Mülltonne
Deine Blicke abfällig
Du baust dir Luftschlösser
Finstere Türme aus Gewitterwolken
Burggraben aus Hagelschauern
Um dich einmal als Prinz zu fühlen
Oder wenigstens als Drache
Du trinkst dein Gestern aus einem Schnapsglas
Und erbrichst Flammen
Du versengst deine eigene Umarmung
Sie hinterlässt schwarze Rußspuren
Auf deinen Versuchen, zu lieben

Alles mit Absicht
Wie eine Talfahrt
Auf Skiern aus gepressten Abschiedsbriefen
»Ach« kann man da noch lesen
Und »Nein«

Hör mal
Sage ich
Du machst Handstand im Aufzug
Und stellst dir vor, es geht aufwärts
Wenn du runterfährst
Dabei bewegt sich nichts
Du kannst mit deinen Füßen nicht die Knöpfe drücken
Du stehst im Erdgeschoss
Ritter von lächerlicher Statur
Ein Don Quichotte bei Windstille

Gegen außen bist du ein echter Künstler
Darum bist du gegen Innen
Du bist gegen Innen

Aber
Du brauchst nicht den Blues
Um zu komponieren
Und nicht die Melancholie
Um ein Gedicht zu verfassen

Da hast du was vertauscht
Du hast da was vertauscht
Nicht der Schmerz gibt dir die Kraft
Ein Meisterwerk zu erschaffen
Das Meisterwerk gibt dir die Kraft
Die Welt zu überstehen

Aber dafür musst du doch nicht erst den Tiefpunkt suchen
Ich fand die schönsten Gedichte
Ohne Stift
Die Worte und Zeilen formten sich
Wie von allein im Schatten eines Lächelns
Sie schrieb nicht der Wunsch, zu sinken
Sondern der Aufwind

Über und unter uns ist nichts
Wir schweben
Und entscheiden selbst, in welche Richtung

Der Unrat der Sprache
Eine Hommage an Sulaiman Masomi – 2016

In der fernen Galaxis Gutenberg lag ein Planet namens Duden, der die Heimat aller Wörter und Wendungen war. Am Himmel zogen weiße Zettelwolken, aus den Kaminen stiegen Fragezeichen und in den verwunschenen Gassen der Hauptstadt tummelten sich zwischen den alten Sprachwerkhäusern Sätze, Redewendungen und Ausdrücke.

Doch eben dort, inmitten all des gesprochenen und gelesenen Glücks, lag in einer dunklen Ecke am Rande einer wenig beachteten Kloake der Unrat der Sprache. All die Wörter und Sätze, die keiner mehr wollte; all der sprachliche Schrott wurde hierhin geschmissen und geschissen, um im ewigen Dämmerlicht zu vergammeln.

Im Halbschatten eben dieses Dämmerlichts erklang eine Fanfare und drei seltsame Gestalten betraten ein Podium inmitten des schimmeligen Haufens. Es war das Triumvirat des Unrats, das dort auf die Empore stieg – die drei berüchtigten Anführer des sprachlichen Abschaums bezogen Stellung hinter ihren Podesten!

Auf der linken Seite der Gangsta-Rap, zur rechten Hand die Kommentarfunktion von Facebook und in der Mitte positionierte sich der neue Emporkömmling und erster Vorsitzende des Unrats: Ich, Sebastian 23, oberster Verhunzer des Satzbaus und Träger des goldenen Plakette des Ordens der gescheiterten Genitivkonstrukts.

Mein Blick schweifte über die Menge, die sich da zusammengerottet hatte. »Meine sehr abscheulichen Freunde! Ich habe euch alle zu dieser Dringlichkeitssitzung gerufen, weil viele von euch besorgt sind und wir eine wichtige Sache besprechen müssen! Bringt ihn herein!«

Zwei Anbagger-Sprüche rissen das Hauptportal auf und gestützt von einer unpassenden Bemerkung trat der todkranke Deine-Mudda-Witz in den Saal. Ein Raunen ging durch die Menge. Ich fuhr fort: »Die meisten von euch haben schon mitgekriegt, dass der Deine-Mudda-Witz im Sterben liegt, und ich weiß, die Angst geht in euren Reihen um. Niemand weiß, wer als Nächstes dran sein könnte und inwiefern sich unsere Welt verändern wird. Wir, der Unrat der Sprache, haben uns aus diesem Grund zusammengefunden. So können wir am besten unsere Lage besprechen und die weitere Vorgehensweise verstimmen. Ich bitte um Wortmeldungen.«

»Wie ist diese verfickte Hurenscheiße denn passiert?«, rief die unflätige Beleidigung.

»Ja, wie das denn? Wer daran Schuld?«, rief das vergessene Verb.

»Deine Mudda ist daran Schuld«, hüstelte der Deine-Mudda-Witz aus seinem Rollstuhl.

»Nur Chuck Norris kann deine Mudda hochheben«, rief der Chuck-Norris-Spruch.

Ein Tohuwabohu brach im Plenarsaal aus und alle Vertreter*innen riefen chaotisch hinein. Der Gangsta-Rap stand langsam auf, wobei seine Goldketten klimperten, und erhob mit seiner dunklen Stimme das Wort:

»Ich komm von der Straße, Alter,
Wie ein Kopfsteinpflaster
Opfer, haltet eure Fresse,
Sonst braucht der Kopf ein Pflaster

Ich ficke euch am Mic,
Wenn ihr durcheinander battelt
Also einer nach dem andern,
Weil die Bitch sich sonst verzettelt!«

Die Teilnehmenden verstummten und als Erste ergriff die Verschwörungstheorie das Wort: »Also *ich* glaube, dass die ganze Sache von langer Hand geplant war. Die geheime Weltregierung besteht aus Echsenmenschen, die mithilfe von bewusstseinsminimierenden Drogen im Trinkwasser und in den Kondensstreifen der Flugzeuge die Bevölkerung unterjochen. Wir sollen alle Sklav*innen werden und der gesamte Planet soll per Terraforming bereitgemacht werden für die Invasion der Hirnsauger, die demnächst bevorsteht.«

Der Facebook-Kommentar entgegnete: »Schwachsinn! Es weiß doch jeder, dass die geheime Weltregierung in Wirklichkeit aus Hühnermenschen besteht!«

Sein Bruder, das Internetkürzel, fügte hinzu: »LOL! ROFL! WTF! EPIC FAIL! AMK!«

»Nicht sauber er spricht! Verständlich er nicht ist! Darum der Mudda-Witz stirbt«, rief von weiter hinten Meister Yoda.

»Das ist wirklich wunderbar,
die Omma wird nun siebzig Jahr,
der Mudda-Witz, das ist doch klar,
ist ziemlich alt und bald nicht mehr da«, entgegnete das Zweckreim-Massaker mit gebrochenem Versmaß.

»Nein, nein! Nein! NEIN! NEIN! NEIN!«, verneinte der Geist, der stets verneint.

»Bist du eigentlich der Geist, der stets verneint?«, fragte da der Besserwisser.

»Nein«, antwortete der Geist und fügte dann hinzu: »Ach, verdammt!«

»Deine Mudda ist so fett, dass die Milch zur Mayo wird«, röchelte der Mudda-Witz. Er war wirklich schwach.

»Darf er das? Darf er das?«, hörte man von unten Chris Tall, der auf eigenen Wunsch gemeinsam mit seinem Niveau unter einem Gullideckel lebte.

»Das sind alles die Ausländer schuld!«, riefen da plötzlich zwei Nazis. Keine Ahnung, wer die hier reingelassen hatte.

Die Nazis wurden vom Gangsta-Rap weggedisst. Wieder herrschte ein Durcheinander im Saal. Die Facebook-Kommentar-Funktion schlug mit dem Holzhammer mehrmals lautstark auf den Like-Button und rief: »Ruhe im Saal! Sonst zeige ich euch den Schweigefuchs!«

Sofort war es mucksmäuschenstill, denn vor dem Schweigefuchs hatten alle Angst – er war das mächtigste Raubtier des Planeten Duden. Der Anglizismus erhob als erstes wieder das Wort: »Kann es sein, dass ihr Whackos voll nicht den Flava checkt? Merkt ihr nicht, wie fake das alles ist, was ihr hier so spittet? Manche Loser können halt keinen tighten Style appreciaten!«

Der Neologismus stand ihm bei: »Ey, YOLO! Jetzt mal Schluss mit dem Shitstorm hier! Der Mudda-Witz ist voll sick und braucht Support!«

»Der Mudda-Witz stirbt, denn er geht ... ATEMLOS DURCH DIE NACHT, BIS EIN NEUER TAG ERWACHT!«, sang da plötzlich Helene Fischer, die beste Freundin des Zweckreim-Massakers.

Da wurde es mir langsam zu bunt! Als Anführer des Sprachverfalls erhob ich mich und meine mächtige Nase funkelte im Licht der untergehenden Sonne des Abendlandes. Mit wuchtiger Stimme und nur ganz leicht angenuschelt verkündete ich: »Maul jetzt, ihr Pimmelberger! Ich rasier euch mit Shampoo! Ich rette den deine Mudda-Witz jetzt im Alleingang! Deine Mudda ist so hässlich, dass deine Augen zu Rosinen verschrumpeln. Deine Mudda ist so fett, dass ihr Bauchnabel nebenher als Fritteuse arbeitet. Deine Mutter rennt durch die Savanne und reißt Antilopen! Deine Mudda hat Bingo-Verbot, weil sie die Kugeln aufgelutscht hat! Deine Mudda ist beim Poetry Slam und liest aus dem Telefonbuch vor!«

Während ich sprach, öffnete sich die Wolkendecke und ein einzelner Sonnenstrahl fiel auf den Mudda-Witz. Seine Augen glänzten, er atmete tief ein, sprang aus dem Rollstuhl und rief: »Ich bin geheilt! Gepriesen sei deine Mutter! LOL!«

Gold (2)
2010

Ich habe mir ein Mixtape gemacht
Aus den Schweigeminuten
Zwischen uns
Ein Echo der Stille

Wovon haben wir schon geredet?
Wir erzählten uns das Blaue vom Himmel
Vom Flug der Vögel
In die untergehende Sonne
Von Wolken und vom Wind
Ja, wir dichteten vom Wind
Und rührten uns Lyrik
Wie Honig in die Kopftasse

Blablabla war das
Leeres Gerede
Jede arabeske Wortkaskade
Eskapismus in Welten
In denen Basilikum an Basilika grenzt
Ohne Ahnung
Mit Metaphern wie tausendmal aufgekochte Teebeutel
In der Wüste

Wir sahen die Welt
Vor lauter Träumen nicht

Wovon haben wir denn da gesprochen: Wind?
Wenn ich das schon höre!
Was ist denn Wind mehr als heiße Luft
Die meistens auch noch kalt ist?
Ja, ja, er trägt die Blätter von den Bäumen!
Ach, wie schön!
Aber er trägt auch den Geruch der Latrine ins Haus!
Und die Pollen in die Allergiker*innen!
Wirft Wellen und wogt Drachen!
Zerstört Dörfer als Sturm!
Fröstelt als Böe den Surfer Bo!
Fächert Flächenbrände an!
Na, ihr Poet*innen – wofür steht der Wind?
Falsch: Der Wind steht gar nicht!
Er weht!
Nur bekiffte Hippies suchen ihre Antworten im Wind!

Und dann sprachen wir noch von: Sonne!
Sonne!
Licht der Erkenntnis!
Auge der ewigen Osiris!
Ja
Und Blendung
Für die menschliche Iris!
Sonne!
Hautkrebskanone!
Weltenbrennerin!
Tagtischlampe!
Kosmische Energiesparglühbirne!
Halbgare Heizung!
Ein Gasball, der sich für den Mittelpunkt der Galaxis hält!
Nix da!

Der Mittelpunkt der Galaxis
Ist ein riesiges schwarzes Loch!
So leer wie …
Die Metapher Sonne!
Was sind die Dichter*innen mehr als Ikarus!
Also: Klappe halten!
Die Welt ist nicht YouTube
Man muss nicht alles kommentieren!

Und dann waren da noch die Vögel!
Ja, ja, die Vögel!
Ein Vogel ist doch auch nur jemand
Der sich mit ausgestreckten Armen
Vom höchsten Haus wirft
Und das Glück hat
Gerade kein Mensch zu sein

Vogel, Vogel, Federvieh, Flugfisch, Flatterfalter, Flügelpferd
Beschränkte Metapher
Für aviophobe Poet*innen!
Dichter*innen mit Flugangst
Sollten am Boden bleiben
Und ihre Metaphern
Direkt auf den Teppich schreiben
Mit Federn statt mit Flügeln
Merkt euch das!

Und fangt mir gar nicht erst mit Wolken an!
Da sag ich gar nichts zu!
Da könnt ihr ja gleich mit Blumen und Schmetterlingen
kommen!
Wolken sind die Flugzeuge der Träume!
Nix da, Wolken sind fliegende Pfützen!

Wer Wolken in Poeme webt, ist Emo
Und sollte aufhören, zu dichten
Geht ins Kino und schaut euch eine romantische
Komödie mit Vampiren an!
Wo sind wir denn hier?
Bei Deutschland sucht das Superbla?
Ihr teilrasierten Voll-Affen!
Ihr Pommesköppe!
Habt ihr ein Jamben-Sparabo?
Ihr seid keine Heines, ihr seid Heinis!
Ich bin kurz davor, mich aufzuregen!

Und am Ende war da noch der Himmel!
Der Himmel!
Blaue Scheiße!
Worüber man nicht schweben kann
Darüber sollte man schweigen!
Schweigen, nicht schreiben!
Was soll denn der Himmel sein?
Irgendwas über uns?
Ja, ja, die Stratosphäre, oder was?
Da oben ist nichts Blaues!
Da bricht nur das Licht
In der leeren Luft

Und diese leere Luft ist nicht nur da oben!
Sondern auch hier unten!
Das heißt dann wohl:
Der Himmel ist nicht nur über uns
Sondern auch um uns!
Wir leben mittendrin!
Denn der Himmel

Der Himmel
Beginnt genau
An deiner Haut

Es liegt an dir
In welche Richtung
Er geht

Schschsch ...
Behalt deine Antwort für dich!
Schau doch lieber:
Der Flug der Vögel am Blau
Der Wind und die Wolken
Im Abendland
Der untergehenden Sonne

Ein Stillleben
Mit der Betonung auf Stille

Hasta la Aktivista

2022

1.
Wo sich die Pfade zu Straßen verschmälern
Da lebte mal eine Gestalt
Eine Frau namens Klara, sie war jung
Sie war grün und sie liebte gewaltig den Wald
Am Rand ihrer Stadt, wo sich Wurzeln ausbreiten
Und Kanten schon weniger werden
Ging sie spazieren und vergaß gern die Zweifel
Die uns so arg ärgern auf Erden
In der Stadt jedoch fand man Profite voll »yeah«
Und Naturschutz eher so »buh«
Klara kriegte das mit und fand, es wurd Zeit
Das ließe sie nicht länger zu

Sie bemalte ein Schild
Hängte es an die Rinden in ihren Lieblingswald
»Bäume umarmen statt fällen«, stand da
Doch niemand las es, das merkte sie bald

2.
So zog sie weiter in die Stadt vor das Rathaus
Damit endlich Naturschutz passiert
Ihr neues Schild war noch bunter
Doch erschreckt merkte sie

Sie wurde hier hart ignoriert
Also suchte sie Leute und plante mit Wissenschaft
Eine größere Demonstration
Auf die Klimakrise zu zeigen, im Herzen der Stadt
Und das sahen die Menschen dann schon

Manche riefen so: »Yeah«, doch die meisten nur: »Buh«
Denn die Demo war laut unterwegs
Das ging jenen, die Ruhe suchten im Kaufrausch
Als Geräusch dann wohl sehr auf den Keks
Da schloss sich der an der Türe der Aufmerksamkeit
Kurz geöffnete Spalt
Dass sie selbst mit Wissenschaft keine*n erreichte
Merkte Klara leider sehr bald

3.
So zog sie weiter, um die Menschen im Alltag
Also noch etwas gröber zu stören
Nicht aus Spaß, aber sonst schien halt niemand
Auf ihre Klima-Warnung zu hören
Ihre Leute und Klara, die mussten jetzt handeln

Sie hatten genug vom Reden
Sie zogen in den Berufsverkehr
Um sich dort auf die Straße zu kleben
Und manche so: »Yeah«, doch viele auch: »Buh«
Denn eigentlich hatten sie Recht
Viele Leute jedoch … Nun, sie sahen nur sich
Und was sie sahen, gefiel ihnen schlecht

Wo sie auch blockierten, es traf sie die Wut
Und Klara spürte es kalt
Hier läuft eine ganze Gesellschaft auf Grund
Und selbst Betroffene machen nicht Halt

4.
So zog sie weiter, und zwar entschlossen
Fast raus bis zur Kante der Welt
Wo eine grüne Wiese plötzlich zerbricht
Und in den Braunkohle-Abgrund zerfällt
Giganten aus stahlgrauer Gier
Diese Bagger schienen die Welt wegzufressen
Klara schrie in die Leere, die Menschen
Sollten bitte nicht dieses Verbrechen vergessen

Und manche so: »Yeah«, doch viele auch: »Buh«
Denn die Leute forderten Strom
Sie glaubten die Lüge, es ginge nur so –
Oder völlig verstrahlt per Atom
Klara wurde verhaftet, doch knickte nicht ein
Sondern fragte: Wohin soll ich ziehen?
Da kam überraschend für sie eine ganz neue Lösung
Und zwar aus Berlin

5.
So zog sie weiter, denn auch um Rebell*innen
Kümmert sich achtsam der Staat
Man sagte: »Ihr alle dürft schon demonstrieren
Doch nur in diesem gelben Quadrat
Vor den Toren der Stadt auf diesem Platz aus Beton
Das ist jetzt der Demo-Bereich
Extra für euch neu gebaut, hier darf man schimpfen
Oder Schilder hochhalten, ganz gleich!«

Viele so: »Yeah!«, aber Klara so: »Buh«
Doch nicht zu den Worten der Macht
Sie sah sich hier um, erkannte die Gegend
Und hatte den schlimmen Verdacht

Dieser Ort war mal anders, noch vor Kurzem
Stand hier genau ihr geliebtes Stück Wald
Doch statt Tränen, da lachte sie
Denn dort im Beton
Entdeckte sie schon den ersten Spalt

Auf dem Dach
2007

Auf dem Dach sitzend
Die Sonne im Kopf
Mit Händen, so groß und schwer wie Schiffe
Versanken wir im Blau des Himmels
Auf einer Decke aus Erinnerungen
Saßt du mir gegenüber
Bevor ich dich verlor
Bevor du gefallen bist
Zurück zwischen die Menschen
Gebogen vom Wind

Auf dem Dach sitzend
Die Sonne im Kopf
Die Innenseite der Augen
Ins Rote getaucht
Wie Pinsel
Ein Meter war uns eine Welt
Die Tage zerflossen
Die Nächte tiefgefroren
In denen unsere Namen sich hielten
Wir am Boden des Lichts lagen
Und lachten

Auf dem Dach sitzend
Die Sonne im Kopf
Verwoben wie Steine mit der Zeit
Die kleinen blonden Härchen auf deinen Armen
Weizenfelder, in die ich tauche
Gebogen vom Wind
Der Geruch von Erde, die lebt
Tanzend auf der Oberfläche
Strahlen im Prisma gebrochen

Greife hinein
In den Hut deiner Welt
Aus dem du immer neue Gedanken gezaubert hast
Ich lachte und
Ich konnte nicht aufhören, deine Finger anzusehen
Als wären sie Wellen
Gefühle wie
Fliegende Fische
Alle Farben meiner Wünsche
Gleitend über der Erde
Im Aufwind deiner Blicke

Damals küsste ich
Deine dem Wind zugewandte Seite
Und deine dem Wind zugesandte Weite

Auf dem Dach sitzend
Die Sonne im Kopf
Den Mond im Auge
Wir
Leichter als Luft am Himmel hängend
Wie Ikarus
Wie Ikarus

Ich trage uns noch heute
Obwohl du gefallen bist
Zurück zwischen die Menschen
Gebogen vom Wind

Immer noch sitze ich auf dem Dach
Mit der Sonne allein
Schwimme in der Leere
An der Stelle, an der du gesessen hast
Wir waren eine Sanduhr in der Wüste
An Tagen wie Alkohol
Von denen man einen tiefen Schluck nimmt
Und vergisst, dass es die Welt gibt
Und tanzt

Und wie wir getanzt haben
Zu Melodien wie Flügel
Die Diskokugel drehte sich weiter
Und streut noch heute das Licht wie Puderzucker
Auf unsere dunklen Körper

Könntest du noch einen Schluck nehmen
Könntest du mir noch einmal davon reden
Wie es war
Bevor der Kater kam

Immer noch auf dem Dach
Werde ich ganz Berg
Der sich nicht mehr bewegt
An meinem Gipfel hängen
Die Regenwolken deiner Augen
Ich weiß nicht mehr, wo du bist
Unter Laternen im Sturm
Das Licht von Gestern ist kein Schirm

Jemand schreit mich an
Leise von weit draußen
Ich solle aufwachen
Die Wellen rauschen wie Bilder
Die erste Berührung unserer Augen
Kinder waren wir
Die ersten Schritte
Die ersten Worte
Das erste Lächeln
Als der Winter kam
Du der Süden
Und meine Atemzüge Vögel
Ein Versteck waren wir uns
Eine Höhle
Tief in der Welt
Ein Feuer
Schatten flackerten an den Wänden unserer Stille

Wir hielten uns
Wir wurden leicht
Und stiegen auf das Dach
Schwebende Knochen
Unserer Ahnen
Die Sonne im Kopf
Bevor du gefallen bist
Zwischen die Menschen
Blonde Härchen wie Weizen
Gebogen vom Wind
Ein Prisma voll Licht
Gebrochen am Asphalt

Ich sitze immer noch auf dem Dach
Immer noch
Aber mein Haus ist weg

Wenn man ein fertiges Puzzle vom Dach fallen lässt
Zerfällt das Bild
Entlang der geschwungenen Linien
Auf der Pappe
In seine Einzelteile
Ich hoffe, ich vergesse nie
Dieses Bild
Wir
Auf dem Dach sitzend
Die Sonne im Kopf

At the end of the longest line
2003

Ich vermute, es hatte seinen Anfang bereits sehr früh genommen. Wir waren ja noch so jung gewesen und hatten keine Ahnung gehabt, worauf wir uns da einließen. Es war der verhängnisvolle Sommer 93/94, und wir waren alle so 14, 15 Jahre alt. Wir dachten, wir hätten die Weisheit mit Löffeln gefressen. Mit ganz, ganz großen Löffeln – halbe Suppenkellen waren das!

Eines sonnigen Nachmittags saßen wir bei Macke in der Bude und hörten den neuesten Gehirnwäschepoprocksound aus den USA. Fritte, Schnuttels, Macke und ich saßen meistens bei Macke, denn seine Eltern waren locker drauf. Wir konnten rauchen, so viel wir wollten und die Mucke echt heftig laut aufdrehen.

Doch der Tag war so warm, dass Fritte den Vorschlag machte, wir könnten ja in den Park gehen und auf der Wiese sitzen. Und dann – ich sehe es vor meinem fiebrigen Auge, als wäre es gestern gewesen – dann hatte Macke dieses seltsame Funkeln in den Augen. Und er sagte den Satz, den ich noch so oft in schlaflosen Alptraumnächten nachhallen hören sollte: »Lass uns doch mal ein bisschen warten!«

Ich sah ihn verwundert an, dann die anderen. Fritte und Schnuttels waren von diesem Vorschlag offensichtlich genauso verwirrt wie ich. Einige Momente sagte keiner etwas. Dann war ich es, der das Wort ergriff.

»Warten?«, fragte ich mit zittriger Stimme. »Ist das nicht gefährlich?«

»Klar ist das gefährlich«, entgegnete Macke mit höllischer Entschlossenheit, »darum machen wir es ja!«

Na ja, da konnten wir dann kaum anders, als mitzumachen. Wir waren so naiv und hatten keine Ahnung, wie es unser Leben verändern würde. Am Anfang haben wir nur mal so zwei, drei Minuten gewartet, aber auch nicht so richtig, wir haben ja noch Mucke gehört dabei und auch ein bisschen gelesen.

Aber bei dem einen Mal blieb es natürlich nicht und schon bald haben wir mehr gebraucht. Bald mussten es fünf Minuten sein, und die Musik haben wir dafür auch ausgemacht, denn wir brauchten das Warten pur. Und von da an griff es um sich und nahm unmerklich Besitz von unserem Leben. Ich stellte mich schon kurze Zeit später im Supermarkt immer in die längste Kassenschlange, wenn möglich mit ein paar halbblinden Rentnern vor mir, die immer so gerne sagen: »78,23? Warten Sie einen Moment, ich hab's passend.«

Wir waren schnell richtig süchtig geworden nach Warten und gingen regelmäßig ohne Beschwerden und ohne Termin zum Arzt, um ein bisschen im Wartezimmer abhängen zu können. Ich kann gar nicht sagen, bei wie vielen Praxen ich mittlerweile Hausverbot habe. Unser Trieb brauchte immer neue, extremere Befriedigung. Irgendwann fingen wir an, den Verkehrsfunk zu hören und immer, wenn ein richtig fetter Stau gemeldet wurde, sprangen wir ins Auto und nichts wie hin. Wir waren völlig besessen und schwelgten im trügerischen Glück.

Und dann kam die tragische Sache mit Schnuttels. Entschuldigen Sie, dass es mir bis heute schwerfällt, darüber zu reden. Keiner hatte es kommen sehen. Schnuttels war eigentlich immer der Vernünftige in der Clique gewesen. Aber im Laufe der Zeit wurde er immer fanatischer und verlor schließlich völlig seine Selbstkontrolle. Am Morgen des 19. Oktober '95 wurde er dann gefunden. Er hatte sich in der Schlange vorm Informationsschalter im Bahnhof totgewartet. Überdosis.

Das Schlimmste daran ist, dass uns das damals in unserem Wahn nicht vom Weitermachen abhielt. Wir dachten, das könnte uns nie passieren. Und es wurde immer schlimmer. Ich verlor meinen Job, weil ich in meinem Büro zwei Wochen darauf gewartet hatte, dass der Chef merkt, dass ich nur noch rumsaß und nicht mehr arbeitete.

Und so landete ich auf der Straße. Ich schnorrte Passanten an, die in die Kaufhäuser gingen. Ich fragte sie, ob ich vielleicht draußen auf sie warten könne. Doch selten fand sich jemand mit Verständnis. Die grausigen Entzugserscheinungen saßen mir immer im Nacken.

Eines Tages wollten Fritte und Macke dann die Stadt verlassen. Sie sagten, in Berlin, da könnte man lange warten. Es gebe da regelrechte Clubs, die warteten auf solche Sachen wie den Aufschwung oder den Tod vom Papst. Ich muss zugeben, die Vorstellung hatte ihren Reiz, aber ich schaffte es nicht, mich von meiner Heimat zu trennen – zum Glück, wie ich heute weiß.

Zum Abschied rief ich den beiden nach: »Ich warte hier auf euch!«

Ich habe nie wieder von ihnen gehört.

Danach irrte ich tagelang völlig verwirrt durch die Stadt und wartete, dass was passiert. Aber ohne die anderen war es nicht dasselbe. Ich war am Boden, ganz unten. Da traf ich Juppe, den Streetworker. Er war selber früher mal drauf und sogar '68 in den USA dabei gewesen, als die verrückten Hippies darauf gewartet hatten, dass der Vietnamkrieg endete. Und wie die gewartet hatten, jahrelang, ohne Pause. Manche von denen warten heute noch.

Na jedenfalls, Juppe hatte viel, viel, viel Verständnis für mich und zeigte mir, dass Warten nicht alles war. Schließlich stimmte ich zu, einen kalten Entzug zu machen. Jetzt bin ich seit einem halben Jahr clean und manchmal sogar schon ein bisschen ungeduldig.

Ob ich es schaffe, bleibt abzuwarten.

All das schrieb mir Maria

2011

Ende März
Überzog der Raps das Land mit Flicken
Und Bäume atmeten Licht
Aus tiefem Gelb und hohem Blau
Als ich einen Brief erhielt
Von Maria
Die mich nicht kannte
Und ich sie auch nicht

Sie schrieb mir von Noëlle
Ihrer besten Freundin
Eine karibische Schönheit
Von akribischer Klugheit
Die nach Deutschland kam
Um Medizin zu studieren
Sie schwor bei Hippokrates
Einen Eid

Maria war
Ein deutsches Mädchen
Mit dem Cello im linken
Und den Hormonen im rechten Ohr
Denn Pubertät ist ein Vollzeitjob

Da mag man
Hermann Hesse und Yann Tiersen
Und was man alles nicht mag
Passt hier nicht rein

Natürlich konnte Maria
Nicht widerstehen
Wenn Noëlle am Klavier saß
Und mit schwarzen und weißen Tasten spielte
»Comptine d'un autre été«
Das Wiegenlied eines anderen Sommers
Ganz versunken
Als wäre sie auf einer Sightseeing-Tour
In einer anderen Welt

Für einen Moment
Legte Maria ihr Cello aus der Hand
Und lernte Klavier und versinken

Noëlle brachte Verkäuferinnen zur Verzweiflung
Weil sie niemals zu feilschen aufhörte
Wie sie es von zuhause kannte
Denn alles war kostbar
Doch Noëlle wollte keinen zu hohen Preis zahlen
Wer in Port-au-Prince nicht handelt
Wird für dumm verkauft

Maria brachte Noëlle zum Lachen
Als sie Auto fuhr
Obwohl sie viel zu jung war
Und als der Sommer endete
Hielt sie Noëlles linke Hand
Als in die rechte der erste Schnee ihres Lebens fiel
Eine einzigartige Flocke
Die zu schnell schmolz

Und Noëlle brachte Maria zum Lachen
Als sie versuchte
Einen Elektroofen anzufeuern
Und als der Tag endete
Buken sie Kekse
Und tauchten
In Meere aus Mehl und Nutella
Die Kekse wurden hart wie Steine
Und waren das Beste
Was sie je gegessen hatten

Und plötzlich sprang die Welt aus der Fassung
Am zwölften Tag der Jahres 2010
Bebte die Erde
Unter dem ärmsten Land der Welt
Noëlles Heimat
Haiti

Eine Nacht weinten sie
Dann brachte Maria sie zum Flughafen
Ihr Eid war nicht der Grund für Noëlles Rückkehr
Sondern der Grund für ihren Eid
Sie wollte helfen
Und so flog sie
Zehntausend Meter hoch
Zwischen Ozean und Sonne
Sie atmete
Tiefes Blau und hohes Gelb

Die Landung war hart
Und sie fand vor sich die Trümmer
Einer Welt
Als sie aus der Maschine stieg

All das schrieb mir Maria
Ende März des Jahres 2011
Denn gerade hatte sie selbst einen Brief von Noëlle erhalten
Noëlle tröstete darin Maria
Mit Ideen, was die beiden machen würden
Wenn sie wieder in Deutschland wäre
Sie wollte mit ihr zu einem Poetry Slam
Zu mir

Maria war fassungslos
Verrückt, wie lange die Post gebraucht hatte
Der Brief war über ein Jahr alt
Geschrieben vier Tage
Bevor Noëlle starb
An einem Virus

All das schrieb mir Maria
Mit so lebendigen Worten
Dass ich sie vor mir sehen konnte
Alle beide
In Mehl und Nutella getaucht
Wie weiße und schwarze Tasten
Schneeflocken fangend
Auf den Lippen
Das Wiegenlied eines anderen Sommers
Dem salzgetrübtem Blick trotzend

All das schrieb mir Maria
Mit Worten wie eine Fassung
Aus der die Welt nicht springen kann
Und ich habe mehr über mich
Und das Schreiben
Aus dem Brief einer Sechzehnjährigen gelernt
Als aus hundert Büchern

Bitte wenden

2021

Ich breche die Schweigepflicht
Greife ins weiße Licht
Schreibe, sprich: zeige mich
Hab Zweifel im Keim erstickt
Zeitgeschichtlich freie Sicht
Doch innerlich weiter nichts als weiße Gischt
Die an Scheiben wischt und Zeichen ist
Ihr kennt sie gut, wenn ihr im Loop
Manchmal nicht weiterwisst
Heimlich selbst Leid vermisst
Daheim allein die Zeit zersitzt
Zu viele übertreiben sich, Risse in der Eisenschicht
Die leise spricht: Du weißt es nicht, ich weiß es nicht
Was treibe ich hier eigentlich?
Ich breche die Schweigepflicht

Bin kein auf Standby laufender Faulenzer
Doch hänge am Fenster wie Traumfänger
Es ist Lockdown seit Jänner, und zwar ein saustrenger
Das kann ich taumelnder Schausteller
TV-Sendern voll Rauchmeldern glaubender Auskenner
Kaum ändern

Zeitungsblätter lauschen dem Rauschen der Laubbrenner
Rausgehen ist wie Laufbänder – für Draufgänger

Ich bin im Eigenheim Ausländer, Raufaser-Raumtrenner
Strauchelndes Haupt raubt sich selber den Aufhänger
Mir wird die Haut enger
Bei der Taufe im Stausee zuhause ersaufender
Staubfänger
Der Alltag ragt auf, hart und grau aufgebaut, ein
Achttausender
Die Stille wird laut, wo sind bitte die Soundmänner
Die Aufklemmer und Raussprenger?

Das Morgengrauen zieht sich bis zum Abend
Vermisse Farben an tristen Tagen
Will was sagen, wüsste aber nicht mal Klagen
Ist doch Wahnsinn

Sofaritzen ritzen gerade im Sitzen Narben
Im Rippenkäfig bricht die Vase
Die Blüten sagen: Bisschen schade

Lass das Lächeln Mützen tragen im Mundschützengraben
Wie wir wissen, haben Schlips und Kragen nichts zu sagen
Würde gerne Witze wagen, dem Sippenwahn ein
Schnippchen schlagen
Doch die gehissten Fahnen
Lassen mich in kalter Hitze braten

Durch vertraute Pflicht verbaute Sicht, bedauerlich
Wann wird das Auge staubgewischt und augenblicklich
Ersichtlich, was draußen ist
Die Aufsichtspflicht des Taugenichts
Als Hauptgericht aufgetischt

Unglaubliches ist außer sich
Lauert nicht hinter der Mauerschicht des Trau-mich-nicht
Ein Raum gebaut aus lauter Licht?
Ich glaube nicht
Ich schau, was ist

Verspätete Vorboten, Absturzpiloten und Philosophen
Erheben ihr Reden von Geboten in immer neue Strophen
Der ewigen Predigten vom kläglichen Leben in Käfigen
Mit Reichtum wie Königen gesegneten
Mit Gold veredelten Schädeln
Doch hinter Stäben erheblich Beschädigten
Jegliches bewegliche Streben allmählich verfehlenden
Selbst zu wählen unfähigen nicht Wenigen
Sich angeblichen Problemen schämenden
Taub für die selbstredenden
Lösungen und Segnungen
Menschlicher Begegnungen

Ich will an den eigenen vier Wänden nicht enden
Will statt dem Notschlachten Botschaften senden
Es ist zum Greifen nah auf den ausgestreckten Händen
Wenn das Schicksal festgeschrieben auf Papier steht
Bitte wenden

Bei Lektora erschienen

Annika Blanke

»Wenn man sie jetzt so sehen könnte«

In fünf Kurzgeschichten und einundzwanzig Bühnentexten lotet Annika Blanke einmal mehr die Grenzen zwischen Tragischem, Nachdenklichem und Humorvollem aus: Sie erzählt von Menschen auf der Jagd nach dem kleinen Glück und dem Umgang mit den großen Widersprüchen der Welt. Und klärt ganz nebenbei die wichtigen Fragen des Lebens: Was hat ein verstorbener österreichischer Philosoph mit einer schwedischen Einbauküche zu tun? Welche Konsequenzen hat es, wenn man in seinem Handeln absolut konsequent sein will? Was ist eine Lächelzone? Und wer hat eigentlich den Hund eingebuddelt? Eine wilde, lesenswerte Mischung!

»So schön und reichhaltig die Welt der Literatur auch ist, wir merken erst, wie großartig Sprache tatsächlich ist, wenn eine Meisterin wie diese sie in die Finger kriegt.« (René Sydow)

»Eindringlich, unterhaltsam, herzerwärmend, unbequem. All das, was wir so nötig brauchen.« (Annie Heger)

»Es ist ja grundsätzlich gut, wenn Menschen mehr als ein Buch besitzen. Aber wenn man wirklich nur eins hat, dann sollte es zumindest von Annika Blanke sein.« (Matthias Reuter)

ISBN: 978-3-95461-249-9
16,00 Euro

www.lektora.de

Bei Lektora erschienen

Sandra Da Vina

»Das ist doch toll«

Sandra Da Vina schreibt in ihrer unverwechselbaren Art von den Dingen, die einem passieren, wenn man lebt. Es geht um langjährige Freundschaften und kurzweilige Ausflüge. Um Kinderkriegen und den Verlust des Verstandes. Sie schreibt von Aufbruch und Heimkehr, von dem großen Abenteuer, ein Mensch Mitte dreißig zu sein. Ebenso gibt sie Antworten auf die Fragen, die uns manchmal ganze Nächte lang wachhalten: Folgt auf eine freie Trauung die freie Scheidung? Kriegt man Sonnenbrand, sobald man zu dicht vor der Karibikfototapete sitzt? Und was passiert, wenn man im Sandkasten zu tief buddelt?

Kurzum: eine tolle Sache.

»Sandra findet selbst in den entlegensten Ecken von Geschichten noch die irrwitzigsten Details und Vergleiche und bleibt dabei selbst unvergleichlich.«
(Florian Wintels)

»Toll.«
(Patrick Salmen)

ISBN: 978-3-95461-246-8
16,00 Euro

www.lektora.de